平凡社新書
997

日本仏教史入門

釈迦の教えから新宗教まで

松尾剛次
MATSUO KENJI

HEIBONSHA

日本仏教史入門●目次

地図＝アトリエ・プラン

はじめに

本書は、「日本仏教とは何か」を歴史的に、いわば通史的に、わかりやすく述べることに狙いがあります。しかしながら、この問い自体が極めて大きな問題であり、新書一冊で、こうだと述べるのは大変困難です。とはいえ、四〇年以上にわたって、日本仏教史を真摯に研究してきた筆者にとって、大づかみな概念図を描くことは、研究の集大成の一つとして、やらねばならないことと感じています。この間に、研究は大きく深化し、多くの成果が出るなど、個別研究は進んでいますが、他方において、全体像が見えにくくなっているからです。

ところで、仏教には八万四千の法門というように、数多くの教えがあり、なかには相矛盾する教えすらあります。それは一つには、仏教の開祖で、二五〇〇年前に活動した仏陀《ぶっだ》が人を見て法を説いた（対機説法）からだと考えられています。もう一つ、より本質的かつ重要な理由は、仏教がインドから他地域へ伝播する過程で、変容を遂げていったことにあります。あとで少し述べますが、タイ、ミャンマー、スリランカなどの仏教と、中国、韓国、台湾の仏教と日本の仏教とではそのありようは大いに異なっています。たとえば、日本では、僧侶は妻帯し、肉食などを行います。また、僧侶は葬式に従事します。しかし、他国の仏教では、僧侶の妻帯などもっての外であり、葬式にも従事しないのが一般的です。それゆえ、そもそも「仏教とは何か」を述べること自体が容易ではなく、そのなかの一つである「日本仏教」について述べることも簡単なことではありません。

　日本には、二〇一九年の統計によれば約七万七千の寺院があります。その数は、コンビニエンス・ストアの数よりも多く、仏教がいかに日本に根付いてきたか、いかに重要な役割を果たしてきたかを端的に示しています。しかし、日本仏教および、その歴史が一般の人々に理解されているかは大いに疑問です。キリストの誕生日は知っていても、仏教の開祖である釈迦《しゃか》の誕生日の四月八日（降誕会《ごうたんえ》、灌仏会《かんぶつえ》）を知らない人も多いほどです。そこで、本書では、日本仏教が、どのような歴史的過程を経て成立し、展開を遂げてきたのかを、読者の疑問に答える形式でわかり易く述べていきたいと思います。

　私たちは、お寺を死者を供養する場ととらえることが多いと思います。しかし、これは仏教伝来後、数百年を経てから、革新的な中世の仏教者たちが「死者を弔いたい」という人々の要望に応える形で確立していったものです。伝来当初、仏教は東アジアの「文明」として取り入れられました。日本ではこの文明の力によって悪疫を退散させ、鎮護国家《ちんごこっか》を成し遂げようとしたのです。僧侶《そうりょ》（官僧《かんそう》・官尼《かんに》）は、いわば国家公務員のような立場だったのです。しかし、公務員に制約が多いのは昔も同じで、人々の悩みに応えたくとも立場上できない官僧たちは、官僧という身分を捨てて遁世僧《とんせいそう》といういわば民間の宗教者として人々の悩みに寄り添うことを始めます。この大きな流れが鎌倉新仏教の誕生といってよいでしょう。お寺が死者を供養する場となったのも鎌倉新仏教の誕生以来といえるのです。

室町時代は、こうした遁世僧の教えが体制に受け入れられていった時代です。とくに、臨済宗《りんざいしゅう》等の僧は室町幕府と結びつき幕府の「官僧」となり、幕府の政治顧問にもなりました。他方、蓮如《れんにょ》を代表とする親鸞《しんらん》門流と日蓮《にちれん》門流は遁世僧仏教の急進派として、ときには弾圧される場合もありましたが、室町中期以降には、一般武士や商工業者・農民の布教に成功していきました。

江戸時代は、仏教が「国教」化された時代です。仏教界は政治的にも経済的にも安定しました。しかしそれにより、堕落してしまった僧侶もいたようです。いつの時代もそうですが、競争のないところに発展はないのです。従来は、近世仏教は堕落し、明治維新によって仏教界は覚醒したかのような議論がなされてきました。そうした指摘は近世仏教の一面をついていますが、決して堕落してしまったわけではありません。安定によって、宗派ごとの宗学が整備されていったのも事実なのです。外来仏教であった仏教が国民に根付き、日本の仏教化が確立し、反面において仏教の日本化が進展した時期であったのです。

ところが、明治維新によって仏教は危機に陥りました。仏教は「国教」の地位を降ろされ、また、廃仏毀釈《はいぶつきしゃく》により、日本仏教は極めて深刻な状態に立ち至ります。しかし、僧侶たちの努力と明治政府の政策変更もあって、危機を脱しました。仏教は、「国教」の立場から降ろされたにもかかわらず、現在においても葬式と祖先祭祀を中心としながら脈々と生き続けているのです。近代以降においても、仏教系の新宗教が続々と生まれていきました。とりわけ、日蓮系の教団の発展ぶりは注目されます。

こうした日本仏教史の展開を概観することを通じて、「日本仏教とは何か」を考えてみることにしました。その試みがうまくいったかどうか自信はないですが、目次や索引を手がかりに、関心のあるところから読んでみてください。

第一　仏教とは何だろう

発見された仏教

仏教は仏陀《ぶっだ》（紀元前四六三―三八三、異説あり）によって説かれた教えです。仏陀は、北インド・ネパール生まれで、出身氏族の釈迦《しゃか》族にちなみ釈迦（釈迦族の尊者、略して釈尊《しゃくそん》）とも言います。俗名《ぞくみょう》はガウタマ・シッダールタです。日本では釈迦（お釈迦さま、釈尊）というのが一般的です。

仏陀とは、サンスクリット語で「真理にめざめた人」という意味です。サンスクリット語の buddha の音を漢字で表記した言葉、いわゆる音写語で、仏陀という語は、ジャイナ教ほかの教祖にも用いられていました。つまり、本来は仏教の開祖ガウタマ・仏陀だけの呼び名ではないのですが、やがては仏教のみに使用されるようになります。

なお、サンスクリット語というのは古代インドの文章語、雅語ですが、漢字表記の仏教語の多くはサンスクリット語からの音写語です。音写語というのは、サンスクリット語で書かれた仏典を中国語にする際に、漢文に訳さず、サンスクリット語の音に合う漢字をあてた語です。いわば外来語をカタカナで表記するようなものです。音写した理由は種々あったらしく、buddha の場合は、それを意味通り覚者《かくしゃ》と訳すと、尊敬の念が低下し、軽くなると考えられたからのようです。また、『般若心経《はんにゃしんぎょう》』の「羯諦　羯諦（ギャーティ、ギャーティ）」などは微妙かつ仏の秘密の言葉であるゆえに翻訳されなかったとも考えられています。

仏陀の伝記、仏伝《ぶつでん》については、別の機会（機会があればですが）に述べることにして、ここでは、仏教の核となる基本思想を大まかに説明することにします。

まず、先に少し触れた仏教の多様性についてみておきたいのですが、仏教がいつ「発見」されたのかが問題となります。こういうと不思議に思われるかもしれませんが、仏教は一九世紀にイギリス人によって発見されたのです。一八二九年にイギリスではじめてBuddhismという語を使った本（エドワード・アパム『仏教の歴史と教義』未邦訳）が出たのが、その最初と考えられています。今では、三大一神教（呼び名は違っても同一の神への信仰であるユダヤ教・キリスト教・イスラム教）と並ぶ宗教として広く知られていますが、それまでは仏教という宗教の存在は認められていなかったのです。タイの仏教、中国の仏教、チベットの仏教、日本の仏教などは、キリスト教を信仰する欧米の国々からは各々別々の「邪教」として理解され、研究対象外とされてきたのです。

ところが一九世紀になって、イギリス人が、植民地支配のために現地人の信仰・慣習を調査する過程で、インド、タイなどアジアにも、キリスト教のキリストに対する信仰のような、仏陀に対する信仰を発見し、それをBuddhismと名付け、宗教として研究し始めたのです。
また、かつての日本人は、中国、朝鮮の仏教（仏法《ぶっぽう》とか仏道《ぶつどう》とか呼ばれていました）の存在は知っていましたが、チベット仏教はラマ教と区別するなど、仏教として一括できる宗教の存在を認識していなかったのです。

三つの系統

ヨーロッパの諸国が植民地支配を繰り広げるなかで、仏教は「発見」され、研究されてきたのですが、先述のように、一口に仏教といっても、仏教には以下のような三系統があり、種々の相違があります。

1　南伝仏教（タイなど東南アジアの仏教）
パーリ語（インド方言）経典を使う。仏陀はマガタ語で説法
上座部《じょうざぶ》仏教〈小乗《しょうじょう》仏教〉（修行者のみの成仏をめざす）、自業自得《じごうじとく》を特徴とする

2　東アジア仏教（中国・韓国・ベトナム・日本）
漢訳仏典を使う
大乗《だいじょう》仏教（修行者本人のみならず他者の救済もめざす）

3　チベット仏教（チベット、シベリア、モンゴル、中国）

チベット語仏典を使う

大乗仏教・密教（秘密の教え）

第一は、南伝仏教と呼ばれるタイ、スリランカ、ミャンマーなど東南アジアの仏教です。経典はパーリ語（インド方言）で書かれたものが用いられます。南伝仏教は上座部仏教とか小乗仏教と呼ばれ、修行者のみの成仏をめざす点が大きな特徴です。言い換えれば、「悟りをめざすならば、出家《しゅっけ》して修行せよ」という立場です。なお、出家とは、家を出て僧侶になることとです。それゆえ、寺内での修行が中心で、修行の邪魔になるとして、寺外の葬儀などには従事しません。

第二は、中国・韓国・日本など東アジアに広がった仏教です。経典は漢訳仏典を使用します。つまり中国語訳の経典を使っているのです。僧侶が読み上げるお経の意味が全くわからないという経験を持たれた方も多いでしょう。中国語で書かれたものを音読しているのですから、わからないのも仕方ないのです。

この東アジア仏教は、西暦紀元前後にインド北西部で生まれた大乗仏教の系譜を引く仏教です。大乗仏教の立場は、上座部仏教と異なり修行者本人のみならず他者の救済もめざ

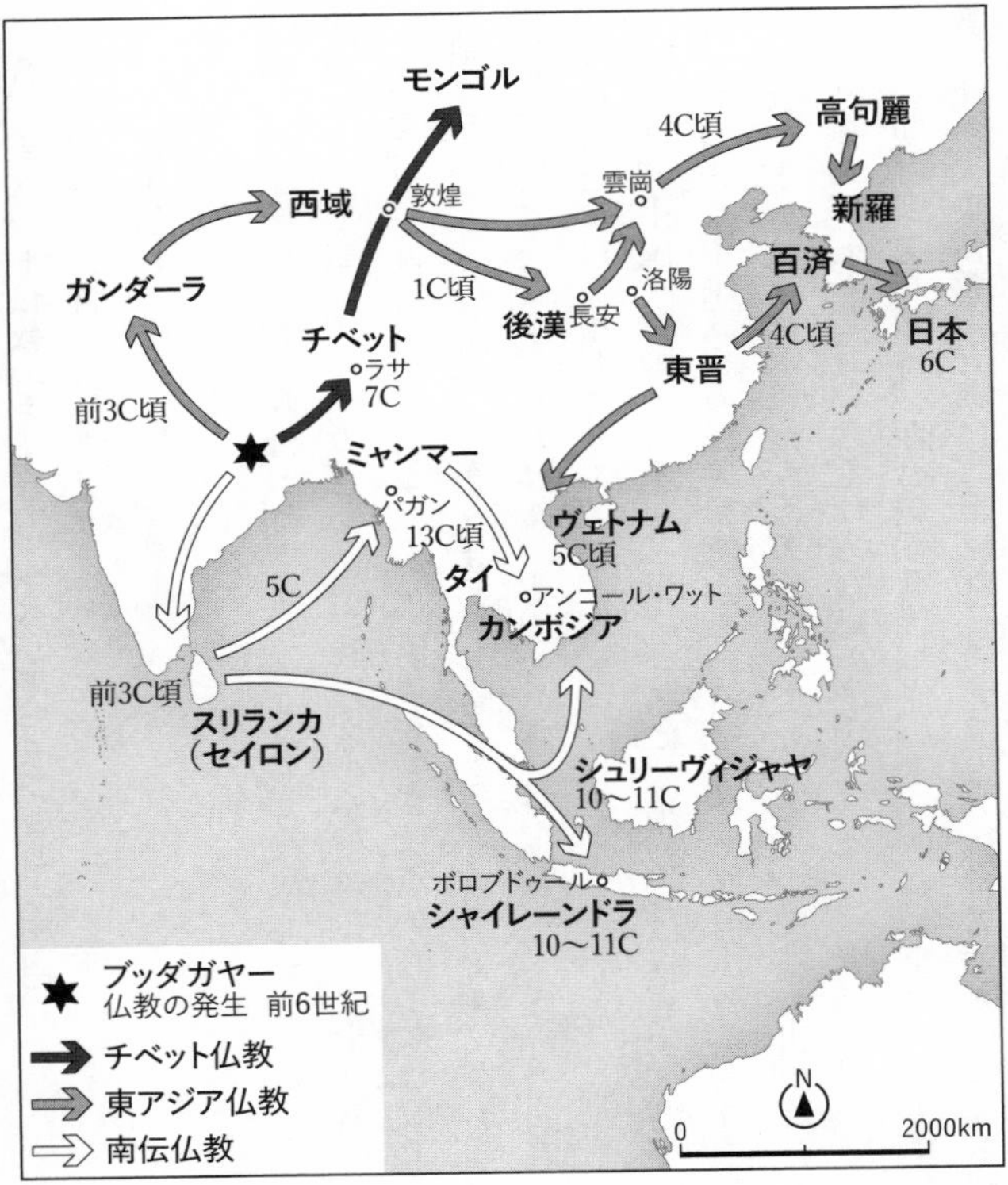
モンゴル
4C頃
高句麗
西域
敦煌
雲崗
新羅
ガンダーラ
1C頃
洛陽
百済
後漢
長安
チベット
4C頃
日本
6C
ラサ
7C
東晋
前3C頃
ミャンマー
パガン
13C頃
ヴェトナム
5C頃
タイ
5C
アンコール・ワット
カンボジア
前3C頃
スリランカ
(セイロン)
シュリーヴィジャヤ
10〜11C
ボロブドゥール
シャイレーンドラ
10〜11C
ブッダガヤー
仏教の発生　前6世紀
チベット仏教
東アジア仏教
南伝仏教
N
0
2000km

仏教の伝播

す点に特徴があります。それゆえ、大きな乗物を意味する「大乗《だいじょう》」を自分たちの仏教に冠し、修行者のみの成仏《じょうぶつ》をめざす仏教を小乗《しょうじょう》仏教と貶称《へんしょう》したのです。

第三は、チベット、シベリア、モンゴル、中国などに展開しているチベット仏教です。チベット語の仏典を使う点が特徴ですが、東アジア仏教と同じく大乗仏教です。とりわけ、七世紀から一四世紀にインドから直接的に移入された後期の密教が主流であり、後述する空海《くうかい》が九世紀に中国からもたらした密教とは様相を異にします。

以上のように、伝播した時期や地域の相違により同じ仏教といっても大きな相違が出来ていったのです。

そこで、次に、それらの共通点に注目して、仏教思想を紹介します。

一神教との違い

仏教の最大の特徴は成仏（仏陀となること）をめざす宗教であることにあります。ようするに、仏陀の悟りの境地を体得することをめざす宗教です。この点がいかに特色あるかは、キリスト教やイスラム教と対比するとよく理解できます。キリスト教とイスラム教は「ゴッド」「アッラー」と呼び名は異にしますが、同一の存在である神の教えに従って正しく生き、天国へ召《め》されることをめざす宗教です。神は造物主として絶対的存在で、被造物である人間とは隔絶した存在なのです。それゆえ、キリスト教徒やイスラム教徒は神になることをめざすことはないのです。神になろうなど、不届きの最たるものです。

縁起説と因縁

修行によって体得すべき仏陀の悟りの境地をめざすことこそ、仏教ということになります。それを端的に表しているのが縁起《えんぎ》説と輪廻《りんね》説です。

しばしば「縁起でもない」とか「縁起をかつぐ」とか聞いたことがあるはずです。この縁起という言葉は、仏教用語の「縁起」に由来します。縁起説とは、種々な現象を空間的には相依相関関係、時間的には因果《いんが》（原因と結果）の連鎖として見る考え方です。相依相関関係というのは、たとえば、一枚のドミノが倒れるとつぎつぎにドミノ倒しが起こるような関係で、いわばお互いが寄り添い合っている関係です。因果関係は、たとえば、不況で、ある会社が倒産すると、取引関係にあった会社が連鎖倒産するようなものです。

因縁《いんねん》も、縁起説と密接な考えで、あらゆる存在（精神的な働きも）は種々の因《いん》（直接的な原因）や縁《えん》（間接的な原因）によって生じるということを仏教では指しています。

たとえば、死への恐怖という苦しみの原因を、生などへの渇愛《かつあい》や無知に求めるなどがあげられます。「死にたくない」という生きることへの執着があるから苦しみが生まれるわけです。渇愛というのは、砂漠で喉の渇いた人が水を切に求めるような強烈な執着を指します。

輪廻説と業・迷い

この縁起説と関連して、仏教では輪廻説も重要な前提となっている考えです。輪廻とはサンスクリットでは saṃsāra といい、流れること、転位することを意味します。とくに、生あるものが生死を繰り返すことを意味し、生死《しょうじ》とも訳され、輪廻転生《りんねてんしょう》ともいわれます。

この輪廻説はインドでは仏教成立以前から広く普及していた考えです。仏教では、悟らない限り（悟ることを解脱《げだつ》ともいう）、生あるものは迷いの世界を輪廻すると考えられていました。車輪が回転するように永久に繰り返すことから輪廻というのです。その輪廻の因縁になるのが、生あるものの行為（行い、業《ごう》という）です。たとえば人を殺し、物を盗み、姦通《かんつう》した人は、その行為により地獄に堕《お》ちることになると考えます。自業自得《じごうじとく》と言えば、この例のように、悪事の報いは自らが負わねばならないといった悪い意味での報いについて用いられますが、仏教用語としては善と悪を問わずに使われます。自らの行為の結果や報いを自らが受けるという意味です。

そして、迷いの世界には、欲界《よっかい》・色界《しきかい》・無色界《むしきかい》の三つがあります。いずれも、限りない大海のような迷いの世界なので、苦海《くかい》・苦界《くがい》とも呼ばれます。欲界は、迷いの世界の最も下位にあって、淫欲《いんよく》・貪欲《とんよく》の二つを有するものが住む世界です。欲界には、地獄《じごく》・餓鬼《がき》・畜生《ちくしょう》・阿修羅《あしゅら》・人《じん》・天《てん》の六道《ろくどう》と呼ばれる世界があります。色界というのは、欲界の上にあり、淫欲・貪欲の二欲を離れているが物質からは離れていないものの世界です。「色《しき》」というのは、物質を指しています。無色界というのは、迷いの世界の中で最上位の世界で、物質を超えて精神のみの存在する世界なので無色界といいます。私たちが、しばしば耳にする「地獄のような世界」「餓鬼だ」「畜生」などの言葉は、欲界の六道に由来するのです。

こうした縁起説・輪廻説に立つ仏教は、キリスト教の神のような絶対的な創造者・造物主を想定していないことになります。なぜなら、仏教の立場からすれば、神もまた、因縁によってでき、輪廻を免れないことになるわけです。この創造神を想定しない点は、仏教のとても大きな特徴なのです。

教えの基本——四法印

今一つの仏教の基本思想として、四法印《しほういん》があります。法印とは、教えの特徴という意味です。みなさんも「いろはにほへと」の「いろは歌」をご存じの方は多いはずです。

いろはにほへとちりぬるを
わかよたれそつねならむ
うゐのおくやまけふこえて
あさきゆめみしゑひもせす

漢字を当てると次のようになります。

色は匂へど散りぬるを
我が世誰ぞ常ならむ
有為の奥山今日越えて
浅き夢見じ酔ひもせず

その意味は「桜の花は、今を盛りに咲いてるが、散るさだめである。このように、誰の世が永遠であろうか。無常を超越して、もはや浅い夢に酔わないようにしよう」です。
この「いろは歌」は、『大般涅槃経《だいはつねはんぎょう》』の偈《げ》（経の一段の終わりに仏の功徳を述べる韻文）の和訳と考えられていますが、実に、仏教の基本思想である四法印の思想の要点が示されています。諸行無常《しょぎょうむじょう》、諸法無我《しょほうむが》、一切皆苦《いっさいかいく》、涅槃寂静《ねはんじゃくじょう》の四つです。諸行無常とは、「一切の形成されたものは無常だ」という意味ですし、諸法無我とは「一切の存在に不変なものはない」ということです。一切皆苦とは、「すべては（悟りの境地から見れば）苦である」という意味で、涅槃寂静とは、「苦なる状態を脱した（輪廻からの解脱）理想の境地（煩悩の炎の鎮《しず》まった状態）はすばらしい」という意味です。

成仏への道――四諦説

仏教は、縁起説、輪廻説、四法印説により、「もろもろの現象は無常であり、生じたり滅したりする性質を持ち、生じてはまた滅す。一切は苦であるが、それらのものが鎮まれば（悟りの境地にいたれば）安楽である」と考えています。

とすれば、どうしたら悟り（苦なる状態を脱した理想の境地）にいたることができるのでしょうか。換言すれば、どうしたら仏となる、すなわち、成仏することができるのでしょうか。それを仏教では、苦・集・滅・道の四諦説《したいせつ》、四聖諦説《ししょうたいせつ》で説いています。四諦説の「諦」とは、いわゆる日本で普段使われる用法の「あきらめる」の意味ではなく、「真実・真理」という意味です。「諦」という語は本来、細かに調べて明らかにするという意味で、明らかにされた真理の意味です。四諦とは迷いから悟りへいたる四つの真理のことです。

第一の「苦諦《くたい》」は、人生は苦であるという真実です。苦諦の具体的なありようとして、四苦や八苦があります。四苦というのは、生苦《しょうく》・老苦・病苦・死苦の四つです。老苦・病苦・死苦の三つは、老いていく苦であり、病気となる苦であり、死ぬ苦です。生苦は、この世に生まれ、生きて行くこと自体が苦であるというものです。そもそも、生きていなければ苦はないのですから、当たり前なのですが、仏教では、あえて生苦を挙げるのです。

八苦というのは、その四苦の他に愛別離苦《あいべつりく》（愛する人と別れる苦）、怨憎会苦《おんぞうえく》（いやな人と会う苦）、求不得苦《ぐふとくく》（欲しいものが得られない苦）、五蘊盛苦《ごうんじょうく》（すべてのものは苦しみに満ちている苦）の四つの苦を加えたものです。「コロナ禍で四苦八苦している」の「四苦八苦」というのは、それに由来するのです。

第二の「集諦《じったい》」は、ものが集まり生ずる原因に関する真理で、ようするに苦がどのような原因から生ずるかということの真理です。通常は先に触れた渇愛が原因とされます。

第三の「滅諦《めったい》」は、苦とは逆の理想状態を指し、渇愛の滅した境地（涅槃の境地）を指しています。

第四の「道諦《どうたい》」は、その理想の境地に達するための進みゆくべき道筋、真理を示したもので、具体的には八正道《はっしょうどう》（八つの正しい生き方）という実践法です。

八正道というのは、つぎの八つです。①正見《しょうけん》（正しい見解）を持ち、②正思《しょうし》（正しい思惟）を有し、③正語《しょうご》（正しい言葉）を用い、④正業《しょうごう》（正しい行為）を行い、⑤正命《しょうみょう》（正しい生活）をし、⑥正精進《しょうしょうじん》（正しい努力）をし、⑦正念《しょうねん》（正しい思念）を行い、⑧正定《しょうじょう》（正しい禅定、ようするに精神を集中させて瞑想する）を行うことです。

もし医者だとすると、病人に対してどう対処しますか。まず、症状を聞いたうえで、原因を調べ、特定し、薬を与えたり手術をしたりします。仏教では、この世の悩みの原因を、いわば、縁起説を前提にして、無常、無我に求め、八正道の実践によって、仏陀の境地にいたろうとする、これが、いわば仏教の基本思想なのです。

第二 なぜ仏教を受け入れたのか——飛鳥・奈良・平安時代

いつ伝わったか

日本には仏教伝来以前に、原始神道《げんししんとう》ともいえる、神々（八百万神《やおよろずのかみ》）への信仰がありました。荘厳な山、森、巨大な岩などに神々の存在を見いだし、祈りを捧げていたのです。そうした信仰があったにもかかわらず、なぜ日本人は仏教を受け入れたのでしょうか。一言でいってしまえば、仏教は、当時の日本人にとっての「世界」であった中国を中心とした東アジアにおける「文明」だったからです。

仏教は中国には紀元一世紀には伝わったとされますが、中国には儒教・道教といった既存宗教が存在し、外来宗教である仏教はなかなか広まらなかったようです。しかし、漢の滅亡後は、唐も含めて漢民族ではない、鮮卑《せんぴ》族系の異民族系王朝が続き、仏教は急速に為政者の心を摑んでいきました。それは、儒教の権威が衰退し、民族の相違を超えた普遍宗教的な要素を仏教が持っていたためと考えられています。また、当時の為政者たちは、黄金色に輝く仏像に象徴される文明の輝きと、仏陀という呪力の源に魅了されたのでしょう。仏陀に帰依《きえ》すれば戦いに勝利するとか、病が治ると考えられていたのです。

北インドで生まれた仏教が日本に公式に伝わったのは、朝鮮半島の百済《くだら》からであり、六世紀のことでした。『日本書紀』欽明《きんめい》天皇一三（五五二）年一〇月条によれば、百済の聖《せい》明王《めいおう》は、日本へ使者を遣わして、仏像と経巻などを伝えました。私的にはそれ以前に渡来人たちが伝えていたのですが、公式に伝わったので仏教公伝《こうでん》といいます。百済には、四世紀に伝わったと言われます。ここに、日本と仏教との公式の接触が始まったわけです。

しかしながら、近年では、この五五二年公伝説には大いに異論があるところです。というのも、論拠となっている『日本書紀』が疑われているからです。『日本書紀』は七二〇年に編纂《へんさん》された正史ですが、編者により種々の捏造《ねつぞう》や創作がなされたと考えられています。当時の日本は、中国を意識した国づくりを行っており、『日本書紀』の編纂者たちは、背伸びをした記述をしていたからです。

とりわけ仏教公伝の五五二年というのは、中国で末法《まっぽう》元年と考えられた年であり、他国では末法に入る年に日本では仏教が公伝したとすべく、五五二年という年が選ばれたと考えられています。

末法というのは、仏教における時代区分の一つです。釈迦の死後、教えも修行も悟りもある「正法《しょうぼう》」（五〇〇年あるいは一〇〇〇年）の期間と、教えと修行はあるが悟りはない「像法《ぞうぼう》」（五〇〇年）の期間があり、これらをすぎると、釈迦の教えはあるが修行も悟りもない「末法」の時代（一万年）に入ると考えられてきました。

日本史を少しかじった方は、末法に入った年といえば、永承《えいしょう》七（一〇五二）年と習ったかもしれません。しかし、それは正法期間を一〇〇〇年とする説によったもので、五〇〇年説によれば、五五二年になるのです。

それゆえ、欽明天皇一三（五五二）年説は『日本書紀』編者の創作ではないかと考えられるようになり、信頼されなくなったのです。それに代わって欽明天皇七戊午《ぼご》（五三八）年説が出され、一時期は支持されましたが、これも疑われています。そこで現在では、年次を特定せずに、六世紀に公伝したとするのが無難とされています。当時、百済は、新羅《しらぎ》に圧迫されており、日本の軍事的な援助を求める見返りに、当時の最先端の文明だった仏教を伝えたのです。このように、仏教が六世紀に伝わり、日本仏教史が始まりました。

なお、仏教公伝初期の主要な史料である『日本書紀』の信頼性については、先述のように厳しい批判がなされているのが現状です。ただ近年では、数多くの古代の木簡《もっかん》が発見され、それによって『日本書紀』は後世の文飾が多々あるにせよ、記された基本的事柄は史実と認められるとする説も出されています。本書では、『日本書紀』の説に基本的には依拠しつつ以下の叙述を進めていきます。

仏教は、キリスト教やイスラム教と同じく、普遍宗教とか世界宗教の一つとされます。しかしながら、公伝した古代の仏教は、「今来神《いまきがみ》」「客神《まろうどしん》」と表記されたように、新たにやってきた神あるいは客神として、それまで信仰されてきた神々と質的に同じ神として理解されていた点に注意が必要です。

そうした仏教が公伝すると、蘇我稲目《そがのいなめ》を中心とする崇仏派《すうぶつは》と物部尾輿《もののべのおこし》・中臣鎌子《なかとみのかまこ》らの廃仏派《はいぶつは》の争いが起こりました。天皇は、いったんは仏教を認め、蘇我稲目に百済からの仏像などの献上品を与え、祀《まつ》らせることにしました。蘇我稲目は向原《むくはら》の家を寺（向原寺《むくはらでら》、廃寺）として仏像を祀ったといいます。

ところが、のちに疫病が流行したことから、廃仏派はこれを仏教信仰によるものとし、難波堀江《なにわのほりえ》に仏像などが捨てられてしまったのです。しかし、このあと天皇家に不幸が続き、それが仏像を捨てたことによると考えられて、結局、蘇我氏による仏教信仰が天皇によって認められることになります。その中心は蘇我氏の氏寺であった法興寺の後身、飛鳥寺《あすかでら》であったのです。

聖徳太子——仏教の保護者

伝来まもない仏教を保護し、育成した人物といえば、聖徳太子（五七四—六二二）がよく知られています。用明《ようめい》天皇の第二皇子として生まれ、母の穴穂部間人《あなほべのはしひと》皇后が厩戸《うまやど》の前で産気づいて生まれたことにちなんで厩戸皇子と呼ばれた人物です。当時は、ネストリウス派のキリスト教が中国に伝来していたとされ、その影響もあって厩戸皇子という名前が付けられたという説もあります。

聖徳太子は推古《すいこ》天皇の摂政として、冠位十二階の制定（六〇三年）、十七条憲法の制定（六〇四年）などを行い、仏教や儒教に基づく政治を行ったとされます。とりわけ、十七条憲法は仏教や儒教の精神に基づくとされてきました。また、『法華経《ほけきょう》』の解説書たる『法華義疏《ほけぎしょ》』、『維摩経《ゆいまぎょう》』の解説書たる『維摩経義疏《ゆいまぎょうぎしょ》』、『勝鬘経《しょうまんぎょう》』の解説書たる『勝鬘《しょうまん》経義疏《ぎょうぎしょ》』といったいわゆる「三経義疏《さんぎょうぎしょ》」の制作でも知られます。そうした経典内容を解説できるほど仏教に精通していたと考えられてきたのです。

しかし、近年は、「聖徳太子は実在しなかった」とする説（聖徳太子非実在説）も出され、大いに論争がなされており、聖徳太子と仏教の関係を論じることは簡単ではなくなってきました。

聖徳太子非実在説というのは、厩戸皇子の存在は認めるが、聖徳太子としての種々の活動は、後世の『日本書紀』編者らによる捏造とするものです。たとえば、『勝鬘経義疏』の種本と見られるものが、中国敦煌《とんこう》の莫高窟《ばっこうくつ》から見つかっており、他の義疏も後世に聖徳太子制作とされたものとする説です。

しかしながら、先述のように、『日本書紀』の史料としての評価も変化しつつあります。また、聖徳太子非実在説に対する厳しい反論も出ています。それゆえ、ひとまずは、聖徳太子が仏教を保護したと言ってよいと考えています。

最初の出家者――善信尼

僧侶になることを出家あるいは得度《とくど》といい、男性の出家者は僧《そう》、女性は尼《あま》といいます。注目すべきことに、日本人最初の出家者は善信尼《ぜんしんに》という女性であったのです。

善信尼は渡来人であった司馬達等《しばたっと》の娘（俗名嶋《しま》）でしたが、五八四年に、彼女に仕える従者の女性二人とともに出家して日本人最初の尼となりました。後に、彼女らは百済に渡り、正式の授戒《じゅかい》を受け、正式の出家者となり、一年半後には帰国して、桜井寺《さくらいじ》（廃寺、奈良市）を開きました。このように、日本仏教は善信尼ら尼、つまり女性によって始まったのです。

伝来当初の仏教が、日本では今来神、客神といった受け止め方をされていたことは先に述べましたが、渡来人系の善信尼らにとって、仏教信仰は慣れ親しんだものだったのでしょう。

官僧・官尼の出現――国家仏教となる

聖徳太子以後、仏教はますます朝廷において重視され、天皇が主管する国家仏教化していきました。僧侶は官僧（および官尼。以後、必要がない限り官尼を略す）、いわば官僚僧として位置づけられていき、鎮護国家の祈禱をすることが、彼らの第一義の仕事となったのです。鎮護国家の祈禱とは、天下太平・玉体《ぎょくたい》（＝天皇）安穏《あんのん》を祈ることです。仏教は、国家に迫り来る目に見えない悪鬼・悪霊を退散させる呪術的な力を期待されていたのです。

そして誰を、いつ、何人、出家させるという権利（＝得度許可権）が、建前としては天皇にありました。すなわち、天皇が官僧の任命権を握っていたといえます。

僧侶の経歴を見てみると、僧正《そうじょう》、僧都《そうず》、律師《りっし》とか、法印《ほういん》、法眼《ほうげん》、法橋《ほっきょう》、伝燈大法師位《でんとうだいほっしい》といった僧官や僧位の名が書かれているはずです。それらは本来、官人の官職・官位に当たるものですから、僧が官僚僧であったことを端的に示しています。

官僧は、いわば国家公務員であり、衣・食・住の保証がなされる一方で、「僧尼令《そうにりょう》」や「延喜式《えんぎしき》」などによってその行動は制約されていました。その制約は、時代により変化したようですが、当初は、民衆への仏教の布教が禁止されていたことが注目されます。とりわけ、古代仏教を代表する僧、行基《ぎょうき》が民間布教を理由に弾圧を蒙《こうむ》ったことはよく知られています。

その後、一〇世紀以降には、穢《けが》れ忌避《きひ》が重要な問題となっていきました。穢れを規定した早い時期の史料である「延喜式」（九二七年完成、九六七年に施行）によれば、穢れには、人の死・産、家畜の死・産、肉食、改葬、流産、懐妊、月事《げつじ》（月経）、失火（火事）、埋葬などが挙げられています。

とくに、中心となるのは、人間の死穢《しえ》と産穢《さんえ》、家畜（馬・牛・羊・犬・ぶた・鶏の六畜であって、野生獣ではない点も注意）の死穢と産穢、失火の穢れです。それらのうち、人間の死穢が最も重いとされ、穢れが消滅するとされる期間（謹慎期間）が三〇日（葬儀の日から数える）と最も長かったのです。ちなみに、「延喜式」によれば、人間の産穢の場合は七日で、家畜の死穢は五日、産穢は三日であり鶏の場合は忌む必要はありませんでした。さらに重要なのは、穢れが基本的に伝染すると考えられていた点です。

官僧は、そうした穢れ忌避の制約から、葬式などへの関与に憚《はばか》りがあったのです。現在の日本仏教の特徴の一つに葬式仏教というものがあり、僧侶が葬式に従事するのは当たり前になっていますが、古代の基本的な仏教者はそうではなかったのです。

なぜ巨大な仏像が造られたのか

仕事柄、奈良へよく行きますが、とりわけ東大寺には必ず行くようにしています。中国をはじめとする外国人観光客も東大寺大仏には畏敬の声をあげるようです。読者のみなさんも、高さ約一四・七メートルもある巨大な金銅製の大仏を見れば、「なぜこんな大きい大仏を造ったのだろうか」という思いがわき起こるはずです。

その疑問に答えるためには、当時の宗教と政治との関係を知っておく必要があります。現在では政治と宗教は別物と考えられていますが、それは第二次世界大戦後のことであって、古代（いや前近代）では政治と宗教は一体と考えられていました。それゆえ、政治の乱れは宗教の力によって正せると考えられたのです。

東大寺大仏建立を行ったのは聖武《しょうむ》天皇（七〇一―七五六）ですが、聖武天皇の時代は、疱瘡《ほうそう》（天然痘）がはやり、飢饉《ききん》が続くなど、国は危機的な状況でした。天平《てんぴょう》九（七三七）年には、疱瘡によって藤原氏の有力者が続々と亡くなりました。そうした状況を打開するために巨大な大仏が造られることになったのです。天平一五（七四三）年一〇月に建立計画が発表され、天平勝宝《てんぴょうしょうほう》四（七五二）年四月に開眼供養《かいげんくよう》が行われました。

読者のみなさんは、大仏を美術彫刻と見ておられることでしょう。しかし、当時の人々は、その巨大な力によって、疫病や飢饉を起こすと考えられた悪鬼・悪霊を退散させてもらおうと考えたのです。

鑑真来朝と授戒制

奈良時代、聖武天皇によって奈良には総国分寺《そうこくぶんじ》として東大寺と、総国分尼寺《そうこくぶんにじ》として法華《ほっけ》滅罪之寺《めつざいのてら》（法華寺《ほっけじ》）が創建され、諸国に国分寺《こくぶんじ》・国分尼寺が作られました。また、貴族の氏寺なども創建されていきました。それらの寺院には、官僧・官尼が住んだのです。

こうして官僧が増えていくと、官僧の質が問題となりました。司法試験改革で、合格者を増やしたとたんに、司法修習生の質が低下したと問題になったようなものです。また、中国へ留学する僧も増え、如法《にょほう》（仏教の教えにかなった）の僧の養成が急務となりました。その要《かなめ》にあたるのが、仏陀が定めたという規則にあたる戒律とその護持です。

僧たるものは、戒律に従った生活をしなければなりません。戒律書は種々ありますが、その一つで、日本で依拠された『四分律《しぶんりつ》』によれば、僧となろうとする者は、出家《しゅっけ》・授戒《じゅかい》という二段階の儀礼を経て一人前の僧となることになっています。出家者は、俗人の生活を捨てて、髪を剃り、法服を着て、出家者として守るべき一〇戒の護持を誓う必要があり、さらに、二〇歳になると、三師七証《さんししちしょう》（三人の師と受戒を証明する七人）の前で二五〇の戒律護持を誓って、一人前の僧となることが規定されています。この授戒を経なければ、本来、僧侶としては半人前なのです。ところが当時の日本には、この戒を授ける資格を持った人がいませんでした。それゆえ、当時の東アジア世界の中心である中国に渡った日本人留学僧は、おそらく半人前の扱いを受けたはずです。鑑真《がんじん》（六八八―七六三）来朝は、そうした問題を解決するものでした。

鑑真は揚州《ようしゅう》（江蘇《こうそ》省）江陽《こうよう》県の人で、出家後、長安などで律（出家者の守るべき生活規則）を研究し、揚州大明寺《だいめいじ》で律学を興して、大いに門人の教化に努力したようです。ようするに、鑑真は戒律に精通した、律宗の大家でした。

鑑真は、はるばる海を越えて自らの元にやって来た日本人僧の栄叡《ようえい》と普照《ふしょう》の戒師を求める要請に応えて来日を決意しました。七四三年から五度の渡航を試みましたが、いずれも失敗し、六度目にやっと渡来に成功したのです。実に一二年に及ぶ大渡航の試みでした。鑑真の命がけの伝道の精神、とりわけ律学を伝えたいという熱意には驚かされます。

鑑真らは、天平勝宝《てんぴょうしょうほう》六（七五四）年に奈良に入り、完成まもない東大寺に授戒場（戒《かい》壇《だん》という）を作って、授戒儀礼を行いました。ここに、『四分律』に基づく三師七証方式の日本授戒制が始まったと言えます。その後、鑑真は天平宝字《てんぴょうほうじ》三（七五九）年に唐招提寺《とうしょうだいじ》を開き、そこで天平宝字七年五月六日に死去しました。

南都六宗——学問仏教

こうして授戒制も日本へ移入され、官僧仏教は一定の繁栄を続けるにいたります。官僧たちが担った仏教は学問仏教といわれます。その内容は、南都六宗《なんとろくしゅう》として知られています。南都六宗とは、三論宗《さんろんしゅう》、成実宗《じょうじつしゅう》、法相宗《ほっそうしゅう》、倶舎宗《くしゃしゅう》、華厳宗《けごんしゅう》、律宗《りっしゅう》の六つとされます。修《しゅ》多羅宗《たらしゅう》などもありますが、六つで代表させているのです。「宗《しゅう》」といっても、教団の意味の宗ではなく、いずれも、研究者集団、学派と理解すべきものです。それら六つの中でも古代仏教史を理解するうえで重要な四つを紹介します。

三論宗というのは中国の吉蔵《きちぞう》（五四九―六二三）に由来します。彼は、永遠不変なるもの（有《う》）は一切ない（空《くう》）が、だからといって空にとらわれるべきではないとする、中道《ちゅうどう》などを説いたのです。吉蔵は『中論《ちゅうろん》』『十二門論《じゅうにもんろん》』『百論《ひゃくろん》』に拠《よ》ったので、彼の宗派を三論宗と言います。

法相宗というのは、唯識説《ゆいしきせつ》を核とする学派で、玄奘《げんじょう》の弟子の基《き》に由来する宗です。唯識説を簡略にまとめるのは難しいのですが、ようするに、いっさいは識《しき》（心）の生んだ幻想にすぎず、執着すべきではないとする説です。色眼鏡をかけた時と、かけない時とでは、景色は全く違って見えますが、唯識思想は、私たちの理解とか認識というものは、色眼鏡をかけて、ものごとを見ているようなものだという考えなのです。

華厳宗というのは、法蔵《ほうぞう》（六四三―七一二）によって大成された『華厳経《けごんきょう》』を重視する学派に由来します。この華厳宗の特徴は、宇宙のなかのすべては、互いに交わり合いながらも動き、一のなかに一切を含み、一切のなかに一が遍満し、その宇宙全体を包括するものが、すなわち毘盧遮那仏《びるしゃなぶつ》であるとするものです。ようするに、あらゆるものが、その本質において一体的であるというのです。

律宗は、中国の道宣《どうせん》（五九六—六六七）の説に基づき、『四分律』を重視するなどの特徴があり、それを専門とする僧は奈良東大寺での国家的な授戒に際して戒師を務めました。鑑真が律宗の大家であることは先に述べましたが、ここでは、南都六宗の律宗は学派集団であり、後に触れる中世の叡尊《えいぞん》（一二〇一—九〇）、忍性《にんしょう》（一二一七—一三〇三）ら教団を形成した律宗とは全く別ものという点を強調しておきます。

なぜ行基は弾圧されたのか

奈良時代における著名な僧侶といえば、行基《ぎょうき》（六六八—七四九）がいます。行基は、和泉《いずみ》国大鳥《おおとり》郡の生まれで、父は高志才智《こしのさいち》で、朝鮮からの渡来人系の出身でした。一五歳で出家し、奈良の薬師寺所属の官僧となったようです。しかし、いったんは離脱して、畿内をめぐって民間に布教し、池・溝《みぞ》・橋の造営などの社会事業を行った僧として知られます。畿内には、現在も、行基が作ったというため池が残っています。平地に堤を造って水を貯める皿池《さらいけ》という比較的容易に建設できる池です。とはいえ、現在においても使用可能というのですから、行基の知識・技術力の高さには大いに敬服させられます。

そうした行基の活動は、これまで述べてきた官僧の姿とは、大きく異なっています。しかも、行基は天皇の許可を得ないまま門下を得度させて、私度僧《しどそう》集団を形成したのです。そのために、行基とその門下は、民間布教などを禁止する「僧尼令《そうにりょう》」違反の咎《とが》で、弾圧を受けたくらいです。

けれども、奈良の大仏（七五二年四月完成）の財源確保に悩んだ聖武天皇らは、行基の集金力に目をつけ、行基の集団を公認して、大仏建設に協力してもらいました。その結果、行基は、大僧正という、官僧の最高位にのぼり、四九もの寺院を建設したといわれます。ようするに、行基とその門下は官僧集団に吸収されたのです。

ところで、行基誕生については、極めて興味深い伝承が『元亨釈書《げんこうしゃくしょ》』（一三二二年成立）に伝えられています。すなわち、行基は、胞衣《えな》に包まれて生まれたので、母は忌《い》んで、棄てようとし、行基を木の枝に架けた。翌日、木のところに行ってみると、胞衣を出て、大声をあげて泣いていたので、大いに喜び、以後は大切に育てたといいます。

胞衣は、胎児が入っている羊膜のことです。この胞衣に入って生まれた人は、その誕生が特異であることから、恐れられ、逆にいえば、忌避されて、棄てられることがあったことが、行基の例からわかります。それゆえ、行基のように生存できると、聖なる存在とされたようです。ヨーロッパでも、胞衣に入って生まれた人は聖なる存在とされたので、そうしたことは、かなり普遍的なことかもしれません。

もっとも、行基が胞衣に包まれて生まれた話を伝える『元亨釈書』は、行基没後ほぼ六百年後の記録なので、事実かどうかははっきりしません。しかし、古代・中世においては、胞衣に包まれて生まれたり、後述の栄西《ようさい》のように早産であったり、異常な生まれ方をした人は、聖なる存在と見なされたようで、逆に、高僧にはそうした伝承が付会《ふかい》されたのかも知れません。

先に述べた行基の社会救済活動は後世に極めて大きな影響を与えました。それは、奈良西大寺叡尊《えいぞん》・鎌倉極楽寺忍性《にんしょう》らの活動モデルとなったほどです。叡尊・忍性らの活動については後で触れます。

道鏡事件——皇位に近づいた僧

仏教は、行基のような僧侶たちの活躍によって、日本社会に定着し、大きな影響を与えるようになっていきました。ただ、行基の民衆布教が「僧尼令《そうにりょう》」違反の罪に問われて弾圧されたように、仏教が民衆にどれほど浸透していたのかという点では大いに疑問が残るところです。それは、僧侶が官僧であり、仏教研究と鎮護国家の祈禱が第一義の職務であったからです。それゆえ、その浸透度は、古代においては、天皇を中心とした貴族社会レベルに止《とど》まるものであったと考えられています。

古代の仏教と天皇との関係を見るうえで道鏡《どうきょう》（七〇〇?—七二）は重要な人物です。道鏡といえば、孝謙《こうけん》上皇（後の称徳《しょうとく》天皇、七一八—七〇）の寵愛《ちょうあい》を受けて権力を握り、宇佐《うさ》八幡神《はちまんしん》の偽の託宣によって天皇となって政治の実権を握ろうとした政僧として知られています。結局、託宣が偽物であったことが露見して失脚しました。この事件は、道鏡は孝謙上皇の愛人だったとか、巨大な男根を持っていたといった逸話満載の人物であるため、道鏡の個人的な問題とみられがちです。しかし、個人的問題に歪曲すべき話ではありません。

道鏡は、弓削《ゆげ》道鏡と呼ばれるように、物部氏《もののべし》の一族弓削氏の出身です。道鏡は文武《もんむ》天皇四（七〇〇）年（異説あり）に河内《かわち》国若江《わかえ》郡（現在の大阪府八尾《やお》市）に生まれました。法相宗の義淵《ぎえん》を師とし、良弁《ろうべん》にも師事しました。梵字《ぼんじ》（サンスクリット語）にも精通していました。また、禅行《ぜんぎょう》（坐禅）を得意とし、それによって宮中内道場に出仕するようになったと伝えられています。道鏡は、ロシアのロマノフ王朝末期に王室に取り入り、権力を握ったロシア正教の妖僧ラスプーチンに喩えられます。

道鏡が孝謙上皇の寵愛を得るにいたった契機は、天平宝字五（七六一）年に近江保良宮《ほらのみや》（滋賀県にある現石山寺の辺り）で病気となった孝謙上皇のために側に侍《じ》して加持祈禱を行い、孝謙上皇の病気が治癒したことに始まります。

以後、孝謙上皇（称徳天皇）の愛顧を受けて、法王《ほうおう》となります。神護景雲《じんごけいうん》三（七六九）

年には、道鏡が天皇になれば天下太平になるという宇佐八幡神の偽の託宣によって、皇位になる一歩手前までの権勢を誇り、政治を動かしたとされます。奈良西大寺《さいだいじ》の造立も道鏡と結んだ称徳天皇の政策と考えられています。奈良西大寺は、当時は東大寺と並ぶ大寺だったのです。

道鏡が孝謙上皇（称徳天皇）と性的な関係にあったかははっきりしません。和気清麻呂《わけのきよまろ》によって託宣が偽物であることを暴露され、皇位に昇れなかったばかりか、称徳天皇の死後は、下野《しもつけ》（栃木県）薬師寺に配流《はいる》されて死去しました。いわば、敗者の側である道鏡が過剰に悪く言われるのは世の常ですから、そうした話は割り引いて考えるべきでしょう。我々にとって重要なのは、奈良時代には仏教が天皇・貴族の世界で大きな意味を持つようになっており、それは治癒などの呪術的な力であったということでしょう。

最澄——日本仏教の源流をつくる

桓武《かんむ》天皇（七三七—八〇六）は延暦《えんりゃく》一三（七九四）年に都を平安京に遷《うつ》しました。それに連動するように、最澄《さいちょう》（七六六—八二二）と空海《くうかい》（七七四—八三五）という二人の天才が出現し、官僧仏教界に大きな変革が起こりました。

「伝教大師坐像」滋賀・観音寺蔵　重文

最澄（伝教大師《でんぎょうだいし》）は、七六六年（七六七年説もあり）に渡来人系の三津首百枝《みつのおびとももえ》を父とし、藤子《とうし》を母として近江《おうみ》国（滋賀県）滋賀郡古市郷《ふるいちごう》に生まれました。幼名は広野《ひろの》といいます。彼は、近江国分寺の行表《ぎょうひょう》の弟子として、宝亀《ほうき》一一（七八〇）年に国分寺で得度《とくど》、最澄と名乗りました。延暦四（七八五）年には東大寺戒壇で授戒を受け、同年七月に比叡山（京都市と滋賀県大津市の境にある山）に登り仏道修行を行いました。

延暦一三年に都が平安京に遷されたことをきっかけに、最澄の人生は大転換します。比叡山で修行する最澄が桓武天皇の目にとまることになったからです。比叡山は平安京の北東の鬼門に位置し、そこから悪鬼・悪霊が入ってくると考えられ、平安京の護持のために、比叡山とそこで修行する最澄が注目されるにいたったのです。

延暦一六年には内供奉十禅師《ないぐぶじゅうぜんじ》（宮廷に奉仕する一〇人の高僧）の一人に任

命されることになります。延暦二一年には、山城国《やましろ》（京都）高雄山《たかおさん》で智顗《ちぎ》の法華三大部《ほっけさんだいぶ》を講義するなど、天台宗《てんだいしゅう》の教理的な深化に努めました。同年九月には、唐への留学を命じられます。

延暦二三（八〇四）年七月六日、第一六次の遣唐船四隻が中国へ向かいましたが、途中で暴風雨にあい、最澄が乗った第二船は明州《みんしゅう》に、空海の乗った第一船は、さらに南の福州《ふくしゅう》に着きました。第三船は日本へ戻され、第四船にいたっては行方不明という状況でした。最澄と空海とが、同時期の遣唐船で入唐し、帰国後は革新的な仏教を伝え、古代の官僧仏教界を覚醒させたというのは運命的です。最澄は、わずか八ヶ月あまりの中国滞在期間に、円《えん》（円満完全な教えという意味で、天台教学のこと）、密《みつ》、禅《ぜん》、戒《かい》の四つの伝法を受けて帰国したのです。

延暦二五（八〇六）年一月には、桓武天皇の病気平癒を祈禱して効果を認められ、その功として、天台宗は年分度者《ねんぶんどしゃ》二人を賜ることになりました。年分度者とは、毎年の年頭にあたって、その年の攘災招福《じょうさいしょうふく》（災害を祓い、幸福を招く）のために『金光明経《こんこうみょうきょう》』を読む僧侶（官僧）を一定数増員することを認めた制度です。持統《じとう》天皇一〇（六九六）年に始まりました。年分度者の定員は、奈良時代を通じて一〇人だったのですが、延暦二五年一月以降は毎年、華厳宗二人・天台宗二人・律宗二人・三論宗三人・法相宗三人、合計一二人の増員と定まったのです。ここに、天台宗ははじめて官僧集団の中で定員を確保することになったのです。ただし、三論宗と法相宗は三人ずつ割り当てられていたことからもわかるように、天台宗よりも優勢であり、後述する法相宗の徳一《とくいつ》との論争も、マイナーな天台宗の最澄が、メジャーであった法相宗に胸を借りて、注目を集めようとしたものであったのです。

延暦二五年三月には桓武天皇が死去し、最澄は最大の外護者《げごしゃ》（パトロン）を失い、さらに、親しくしていた空海とも疎遠となっていきました。空海が真言宗を天台宗より優れているとするなどの思想的な対立や、期待していた弟子泰範《たいはん》が最澄を捨てて空海の弟子となったことなどがその理由と考えられます。その後、弘仁七（八一六）年には東国に旅立ち、その間に会津の恵日寺《えにちじ》にいた法相宗の徳一（生没年未詳）と三一権実論争《さんいちごんじつろんそう》をして、天台教学の確立に努めました。この三一権実論争は、のちの大乗戒壇《だいじょうかいだん》樹立の試みとともに、当時優勢であった法相教学との論争を通じて、最澄の天台教学を明らかにしています。

法相宗は、誰でも悟りを開き、仏となることのできる素質（仏性）があるという立場（悉有仏性説《しつうぶっしょうせつ》）を批判し、衆生《しゅじょう》には、五種類の能力の違いがあると説いたのです（五性各《ごしょうかく》別説《べっせつ》）。それは、聲聞定性《しょうもんじょうしょう》（聲聞〈仏の教えを聞いて悟るもの〉となることが定まっている人）、縁覚定性《えんがくじょうしょう》（縁覚〈仏の教えによらずに自ら悟りを開くもの〉と定まっている人）、菩薩《ぼさつ》定性《じょうしょう》（菩薩〈誰でも悟りをひらくことができると説き、自分だけ悟るのみならず他者の救済をめざすもの〉と定まっている人）、不定性《ふじょうしょう》（聲聞定性、縁覚定性、菩薩定性のいずれとも定まっていない人）、無種性《むしゅしょう》（いずれともなれないと定まっている人）の五つです。さらに、仏の教えには、教えを受ける人の能力の違いによって聲聞乗《しょうもんじょう》と縁覚乗《えんがくじょう》と菩薩乗《ぼさつじょう》の三つ（三乗《さんじょう》）があるとしました。

他方、天台宗では、悉有仏性説を主張し、三乗は、仏が衆生の能力に合わせて仮に説いた教えであり、最終的には、真理は一つである（一乗《いちじょう》）と説いたのです。さらに、出家修行したものだけが悟りに達するとする法相宗などの立場を小乗《しょうじょう》の立場として批判し、自己の立場を大乗《だいじょう》（大きな乗り物）と主張したのです。

さらに、弘仁《こうにん》九（八一八）年には、最澄自身も受けた東大寺での授戒を小乗戒として否定し、大乗戒壇（延暦寺戒壇）の樹立に努め、そこでは、『梵網経《ぼんもうきょう》』に説く、十重四十八軽戒《じゅうじゅうしじゅうはちきょうかい》（一〇の重要な戒と四八の補助的な戒）を一人前の出家者たらんとする者に授戒しようとしました。

この『梵網経』に説く戒（「梵網戒」）は、出家者（すなわち僧侶）であれ、俗人であれ、先述した菩薩であろうする人が守るべき戒で、出家者・俗人に共通するために、一人前の出家者たらんとする人へ授ける戒としては適当ではないと、中国・朝鮮・日本などでは考えられていました。しかし、延暦寺が勢力を拡大していき、結局、最澄の死後になって嵯《さ》峨《が》天皇により延暦寺戒壇の樹立が認められるのです。

なお、「梵網戒」には、肉食《にくじき》を禁じる規定があり、それにより精進料理が生み出される背景となるなど社会的にも重要な影響を与えることになります。

空海――日本密教の大成者

空海は、讃岐《さぬき》国多度《たど》郡（現在の香川県善通寺市）の出身で、父は佐伯直田公《さえきのあたいたぎみ》、母は阿《あ》刀《と》氏。一五歳の時に母方の叔父で、優れた学者である阿刀大足《あとおおたり》について学問を始め、一八歳で都の大学に入り儒教などを学びました。たまたま一人の僧侶に出会って仏教を志したといいます。その後、四国の大滝岳《おおたきだけ》（徳島県）や室戸岬《むろとのさき》（高知県）で修行に励んだようです。二四歳の時に、処女作『聾瞽指帰《ろうこしいき》』（後に『三教指帰《さんごうしいき》』と改題）を書き、儒・仏・道の三教を比較し仏教の優越を説きました。東大寺で受戒したのは、延暦《えんりゃく》二三（八〇三）年と考えられ、正式の一人前の官僧になったのは、中国へ渡る前年であったようです。空海は、唐では長安に赴き青龍寺《せいりゅうじ》の恵果《けいか》に師事しました。恵果に密教《みっきょう》を学び、大同《だいどう》元（八〇六）年に帰国したのです。

空海は、『大日経《だいにちきょう》』、『金剛頂経《こんごうちょうきょう》』に基づく密教を日本に移入し、発展させました。と

「弘法大師像（真如様《よう》）」愛媛・太山寺蔵（写真提供：松山市教育委員会）

りわけ、『秘密曼荼羅十住心論《ひみつまんだらじゅうじゅうしんろん》』（八三〇年成立）や『即身成仏義《そくしんじょうぶつぎ》』（成立年不詳）などによると、数多くの仏教の教えのなかで、密教（秘密の教え）を最も優れたものとする主張と即身成仏論を展開したのが注目されます。まず、『即身成仏義』により、即身成仏論をみましょう。

密教では、仏教を顕教《けんぎょう》と密教の二つに区分します。顕教は、言語や論理によって仏陀の悟り（真理）にいたれるとする立場ですが、密教では、それではいたれず、神秘的な体験によって、真理にいたろうとするのです。「言語道断《ごんごどうだん》」という言葉があります。それは、本来、仏陀の悟りの境地は、言語や論理を超えており、表現できないという仏教語から来たのです。経典をいくら読み、暗誦《あんじゅ》しても、悟りは得られないというのです。

密教は、三密加持《さんみつかじ》という実践論を説きます。三密というのは、身《しん》・口《く》・意《い》の働きのことで、それらが仏の働きであるので三密と表現しています。加持というのは、我々の働きと仏の働きが合致していることです。身には、智拳《ちけん》の印といった印契《いんけい》を結び、口では聖なる言葉（真言《しんごん》）を称え、心には大日如来《だいにちにょらい》を思い浮かべて、大日如来と一体になることで、悟りを得られる（成仏できる）のです。

原始仏教以来、仏教は固定的な自我といった実体を否定し、「空《くう》」とするのですが、密教はこの世のあらゆる存在に大日如来の法身《ほっしん》（本質的なあり方）が遍在するとします。物質原理および精神原理の総体（物質的要素の地・水・火・風・空の五大《ごだい》に、精神的要素の識大《しきだい》を加えた六大《ろくだい》）と現象的な世界である四種曼荼羅《ししゅまんだら》（四曼《しまん》）がそのまま大日如来の法身とされます。曼荼羅というのは、一画面に諸仏・諸尊を描いたもので、大《だい》曼荼羅（通常の曼荼羅）、三昧耶《さんまや》曼荼羅（諸仏の持ち物を描いた曼荼羅）、法《ほう》曼荼羅（諸仏を象徴する種子を描いた曼荼羅）、羯磨《かつま》曼荼羅（諸仏の行為をあらわす曼荼羅）の四つがあります。

法身遍在論に立つ密教では、我々の自我も本来的に仏そのものであり、修行はそれを自覚する過程といえます。それゆえ、長い期間の修行は必須でなくなります。即身成仏とは、文字どおりこの身のままで悟りを開いて仏となることです。従来の仏教では、何度も生と死とを繰り返す、気の遠くなるほど長い期間の修行によって成仏するというのが常識だったのですが、空海は即身成仏を説いたのです。

空海は、天長《てんちょう》七（八三〇）年には、勅命を受けて、自説の総まとめというべき『秘密曼荼羅十住心論』を著し、密教の顕教に対する優越性と、顕教も密教に包含されることを説いています。すなわち、人間の心が浅薄なレベル（外道《げどう》すなわち仏教外の思想）から、仏教内の教理（顕教）を経て密教の究極の知恵にいたるまでを一〇段階に分けて秩序づけています。


第一は、異生羝羊心《いしょうていようしん》（羊のような凡夫の愚かな心）で、外道《げどう》に囚われ六道《ろくどう》に輪廻《りんね》する状態。

第二は愚童持斎心《ぐどうじさいしん》で愚かな童子が斎戒《さいかい》を守るような状態。

第三は嬰童無畏心《ようどうむいしん》で、まだ子どものごとき状態だが善行により悪道《あくどう》に堕《お》ちる心配はない状態。以上の三つは仏教以前の世俗の状態。

第四は唯蘊無我心《ゆいうんむがしん》で、実体的な自我は存在しないと悟る段階。小乗《しょうじょう》の聲聞《しょうもん》に当たる。

第五は抜業因種心《ばつごういんしゅしん》で、老死などの十二因縁《じゅうにいんねん》を観じ、業《ごう》の苦や無明《むみょう》の種を抜く段階。小乗の縁覚《えんがく》に当たる。

第六は他縁大乗心《たえんだいじょうしん》で、他者の救済も心掛ける大乗《だいじょう》の最初の段階。法相宗《ほっそうしゅう》がそれに当たるとする。

第七は覚心不生心《かくしんふしょうしん》で、一切の存在は不生不滅《ふしょうふめつ》であると悟った段階。三論宗《さんろんしゅう》がそれに当たるとする。

第八は一道無為心《いちどうむいしん》で、有為《うい》（因縁による無常）を超越した段階。天台宗《てんだいしゅう》がそれに当たるとする。

第九は極無自性心《ごくむじしょうしん》で、一切の存在の無自性を悟った状態で顕教《けんぎょう》の究極の段階。華厳《けごん》宗《しゅう》がそれに当たるとする。

第一〇は秘密荘厳心《ひみつしょうごんしん》で密教の奥義を究めた状態。

空海は、結局、大日如来の法身が、第一段階から第一〇段階までの、すべてに遍在するとし、顕教も密教に包含されるとするのです。

天長八（八三一）年に病を得て以降、承和《じょうわ》二（八三五）年には、真言宗年分度者三人を認められるなど真言密教の基盤の強化とその存続のために尽力しました。同年三月二一日六二歳で亡くなりました。

こうした最澄の天台宗と空海の真言宗は、以後、大いに栄えることになります。最澄系は、多くの優れた弟子を輩出しました。円仁《えんにん》（七九四―八六四）、円珍《えんちん》（八一四―八九一）、安然《あんねん》（八四一―?）が有名で、天台宗の密教化（空海系の東密《とうみつ》に対して台密《だいみつ》という）を進めました。空海系からは、覚鑁《かくばん》（一〇九五―一一四三）が出ました。天台宗は延暦寺、園城寺《おんじょうじ》を中心に、真言宗は金剛峯寺《こんごうぶじ》、東寺《とうじ》などを中心に有力勢力となっていきました。しかしながら、天台宗の僧侶も、真言宗の僧侶も基本的に官僧であったことを忘れてはいけません。官僧として、鎮護国家の法会に参加して祈禱するというのが第一義の勤めであったのです。こうした天台宗・真言宗と南都六宗の八宗を学ぶ官僧によって平安時代以降の日本仏教は支えられていたといえます。

神仏習合――在来信仰との融合

さて、仏教公伝のところで崇仏派と廃仏派の対立を述べましたが、仏教伝来により在来の神祇信仰《じんぎしんこう》との対立が起こり、仏教と神祇信仰の関係をどう説明し、調整すべきかが議論されるようになりました。結局、仏教によって、体系的ではなかった在来の神祇信仰が、「神道《しんとう》」と呼ばれるような体系をもつこととなったのです。

仏教は、壮大な体系をもち、中国や朝鮮において在来信仰との対立を乗り越え、いわば土着化に成功した経験がありました。日本もその例外ではなく、神々との融合（神仏習合《しんぶつしゅうごう》）に成功しました。

その形態には、大きく三つあり、最初は、悩める神が仏教に救いを求め、仏が救うというものです。霊亀《れいき》（七一五―七一七年）頃の史料に出てきます。いま一つは、神が仏を守護するというものです。その初出は、『続日本紀《しょくにほんぎ》』に見える、天平勝宝元《てんぴょうしょうほう》（七四九）年に宇佐八幡宮《うさはちまんぐう》の神が大仏建立を助けるために上京したという記事です。

三つ目は、神と仏は同一で、仏が本地《ほんじ》（本体）で衆生《しゅじょう》救済のために仮に神として垂迹《すいじゃく》したとする説です。別の言い方をすれば、仏が人々を救済するために神に姿を変えて現れた（権現《ごんげん》）とする説です。これを、本地垂迹説《ほんじすいじゃくせつ》といいます。平安時代中期には、「権現」、「垂迹」などの語が史料に見られ、平安時代後期には、日吉神社《ひえじんじゃ》の主神の本地は釈迦《しゃか》という具合に、どの神の本地はどの仏ということが定まっていきました。

本地垂迹説では、「仏が主で神が従」の関係になるので、事実上、僧侶たちが神主《かんぬし》たちを統轄するという関係を正当化するものでした。それゆえ、伊勢神宮の渡会氏《わたらいし》は鎌倉時代の中頃には仏教からの独立をめざし、南北朝期・室町期には神が本地で仏が垂迹とする反本地垂迹説を出し、京都吉田神社の吉田兼倶《よしだかねとも》（一四三五―一五一一）によって大成されるようになります。けれども、本地垂迹説が一般的でした。

神仏習合により、明治維新の神仏分離《しんぶつぶんり》までは、寺の境内に神社もあり、僧侶と神主が住みわけて、共住するということが普通でした。たとえば、鎌倉鶴岡八幡宮《つるがおかはちまんぐう》（神奈川県鎌倉市）は神社と思われる方が多いでしょうが、明治維新までは、経蔵や多宝塔がある鶴岡《つるがおか》八幡宮寺《はちまんぐうじ》という神宮寺《じんぐうじ》で、神主が少しはいるにしても僧侶が多数派で権力を握っていたのです。

末法思想と源信

平安時代以後の日本仏教を考えるうえで重要なのが末法思想《まっぽうしそう》という仏教における時代区分の考え方です。先にも触れましたが、ここでもう一度確認しておきます。諸説がありますが、ここで問題となるのは、仏陀《ぶっだ》の死後、一〇〇〇年間（五〇〇年とする説もあり）は仏の教え（教《きょう》）と修行（行《ぎょう》）と悟り（証《しょう》）とが備わっている「正法《しょうほう》の時代」となり、つぎの一〇〇〇年は、教えと修行はあるが、悟りがない「像法《ぞうぼう》の時代」に入り、その後の一万年は、教えのみがあって、修行も悟りもない「末法《まっぽう》の時代」に入るという時代区分です。

永承《えいしょう》七（一〇五二）年八月、長谷寺《はせでら》が火災にあった報を聞いて、貴族である藤原資房《すけふさ》（一〇〇七―五七）は日記（『春記《しゅんき》』）に「末法の最初の年に、この事が起こった。恐るべきことだ」と記しています。

このように、日本では、一〇五二年に末法に入ると考えられていたのですが、仏滅《ぶつめつ》年を逆算すると、一〇五二年が二〇〇一年目にあたることになるので、仏滅は紀元前九四九年となります。これは、中国では周《しゅう》の穆王《ぼくおう》五三年（五二年とする説もあり）に当たり、この年を仏滅とするのが、中国で優勢な説なので、日本でも、それにならったわけです。

ところが近代の研究では、仏滅年は、紀元前三八三年、あるいは前四八六年、別の説では前五四四年ですから、中国や当時の日本では、仏滅を非常に古く考えていることになります。

末法を迎える一〇五二年ころの官僧仏教界は大いに繁栄していました。天台宗の延暦《えんりゃく》寺《じ》は山門《さんもん》、園城寺《おんじょうじ》（三井寺《みいでら》）は寺門《じもん》と呼ばれ、いずれも拠点として、また興福寺《こうふくじ》は法相《ほっそう》宗《しゅう》の中心として多くの僧侶を抱え、勢力を誇っていました。

しかし一方では、著しい世俗化と、それにともなうさまざまな問題が生じていました。すなわち、上級僧侶は、藤原氏をはじめとする貴族出身者に独占され、下級僧侶には、僧兵といって、僧侶でありながら武装し、戦闘に従事する者まで現れたのです。そして、たとえば延暦寺と園城寺は延暦寺座主《ざす》の座などをめぐって僧兵をくりだして激しく戦いました。また、官僧たちは、戒律護持《かいりつごじ》を誓い、妻帯しないのが建前なのですが、事実上、結婚生活を営む僧侶も多くなっていきました。男色《なんしょく》にふける官僧も多く、詳しくは『破戒と男色の仏教史』（平凡社新書）に記しましたが、なかには寺の稚児《ちご》をめぐって武力を行使した争奪戦をくり広げる者まで出る始末でした。

さらに、官僧たちの服装も華美になっていきました。僧侶の着物は、本来、托鉢行《たくはつぎょう》の結果得られるものであり、得た衣を、わざわざ裁断して縫いあわせ、粗末な状態にし直し、色も穢色《えじき》である袈裟《けさ》色（赤っぽい色）に染めて着ることになっていました。その色の名から僧侶の着物を袈裟と総称したのです。衣《ころも》には、その大きさにより、三つの種類（三衣《さんえ》）がありましたが、日本では、下に着る「衣」と上に着る「袈裟」とに大別されるようになり、一〇世紀には、官僧の袈裟は白色になっていました。このことは、『末法灯明記《まっぽうとうみょうき》』に、「末法には袈裟の色変じて白くなる」と記されていることからもわかります。『末法灯明記』は、最澄に仮託して、一〇世紀に制作されたと考えられている書物です。白は清い色で、戒律護持の清僧を建前とした官僧たちにとってはうってつけの色だったのでしょう。

僧侶たちは、末法思想に囚われ絶望したばかりではなく、末法到来が近いがゆえに、仏法の興隆に努める僧侶も数多くいました。その一人が源信《げんしん》（九四二―一〇一七）です。源信は、大和国《やまと》（奈良県）の出身で、延暦寺の中興者、良源《りょうげん》の門人として学才の誉《ほま》れが高かったのですが、延暦寺の世俗化を嫌って寺内の横川《よかわ》に住み、貴族に出仕せず、僧位も受けずに修行と学問に専心したといわれます。源信の著作は数多くありますが、『往生要集《おうじょうようしゅう》』は、貴族にもよく読まれ、極楽に生まれる（往生《おうじょう》）ための指導書となっていました。

往生と成仏の違い

この章の最後に、往生《おうじょう》と成仏《じょうぶつ》について説明しておきたいと思います。

往生という言葉も、成仏という言葉も、今では一般には同じように使われていますが、本来別ものです。「成仏」は、成仏をめざす人（すなわち菩薩《ぼさつ》）が、修行を経て仏となることを意味します。「往生」は、死後、西方極楽浄土《さいほうごくらくじょうど》などに生まれ行くことを意味し、そこで修行して成仏をめざすのです。往生とは、成仏するための修行に最も適した環境である浄土にゆくことなのです

ところで、大乗仏教では、多くの仏の存在を認めたために、仏国土《ぶっこくど》（諸仏の住む国）が数多くあり、往生の地も数多いはずなのですが、日本古代でいう「往生」とは、弥勒菩薩の都率天《とそつてん》に往生することをめざす場合と、阿弥陀《あみだ》の西方極楽浄土への往生をめざす場合の二つが主でした。

ところが、中世以降は阿弥陀信仰が大流行し、往生といえば西方極楽浄土へ往生することを意味するようになります。さらに、後述する浄土真宗の親鸞《しんらん》は、「往生＝成仏」と主張するようになるのです。

第三　中世仏教の新しさとは何か——鎌倉時代

中世という時代がいつ始まったのかは、仏教の歴史を考えるうえで極めて大きな問題です。従来は、一二世紀末に源頼朝《みなもとのよりとも》（一一四七―九九）を中心とする鎌倉幕府が成立し、中世が成立したと考えられてきました。すなわち、鎌倉幕府樹立という政治史的な巨大事件を重視する時代区分です。他方、最近では、土地制度の荘園制《しょうえんせい》に中世の新しさを見て、それが確立した一一世紀に中世の成立を見る説も有力になりつつあります。荘園制というのは、いわば土地の私有制のことで、古代の公地・公民制から荘園制へという変化に中世成立の画期を見る見方です。ここでは、仏教史の立場から、後述する遁世僧《とんせいそう》仏教といった新しい仏教の成立に注目していますので、ひとまず一二世紀末を中世の成立期と考えていきます。

講演などでみなさんによく質問されることに、鎌倉時代になると法然《ほうねん》、親鸞《しんらん》、道元《どうげん》、日蓮《にちれん》といった仏教者に代表される鎌倉新仏教が澎湃《ほうはい》と起こったが、それはなぜかということがあります。

新しい仏教が起こった、いや正確には教団を形成し発展することができた、ということは、旧来の仏教が、人々の救済願望に応えられなくなったことを意味します。言い換えれば、これまでの仏教では救われない、新しい悩みをもった人々が無視できないほど多くいたことを意味するわけです。読者の便のために、結論的な言い方をしておきますと、私は、

「個」の悩みをもった都市民の成立に鎌倉新仏教の背景を見ています。法然や道元は平安京の都市民の心を捉えて教団を樹立していきました。従来、親鸞は常陸《ひたち》（茨城県）という田舎で農民の心を捉えたと思われてきましたが、近年の研究では常陸の都市的な場で布教に成功したと考えられています。そうした点にも注意しつつ中世仏教の実態を見てみましょう。

遁世僧の台頭

先に述べたように、古代において仏教者の中心にいたのは官僧でした。繰り返しになりますが、官僧とは、いわば国家公務員的な官僚僧のことです。官僧は、天皇によって任命され、東大寺・観世音寺《かんぜおんじ》・下野《しもつけ》（栃木県）薬師寺（一一世紀には機能停止）・延暦寺の国家的な戒壇のいずれかで授戒を受けて一人前の僧となり、天皇から、俗人の官位・官職にあたる僧位・僧官を授与された僧です。官僧は、鎮護国家の祈禱を第一義としたのですが、その職務にあたるには、「延喜式」などに定められた穢《けが》れ忌避などを守らねばならず、活動上の制約がありました。それゆえ、死穢に関わる葬式などに従事できなかったのです。

中世においても、官僧体制は変化しつつも継続し、大きな役割を果たしていたのです。

一昔前までは、旧仏教（南都六宗、天台・真言二宗）の官僧は天皇・貴族の救済に従事したが民衆救済には従事せず、思想的には密教を重視するなど呪術的・非合理的であったのに対し、親鸞を代表とする鎌倉新仏教は民衆救済を行い、簡明かつ合理的で、中世を代表する存在とされてきました。

けれども、現在では、そうした理解は支持されていません。官僧や旧仏教の改革派の役割の大きさが認識され、官僧や旧仏教の改革派を含めて顕密仏教《けんみつぶっきょう》と呼んで、中世を代表する勢力と見て、親鸞を代表とする鎌倉新仏教は異端でマイナーな存在だったとする説（顕密体制論）が大きな影響力をもっています。

しかし、新仏教を異端とする見方には大いに問題があります。旧仏教と新仏教は対立するばかりではなく、新仏教僧が旧仏教寺院の修造や葬儀を担うなど、基本的には相互に協調し、補完する関係にあったからです。また、新仏教に共通する新しさが明確でないからです。そこで、私見では、官僧の担った旧仏教の役割の大きさを認めつつも、中世において革新的な活動を行った僧侶が遁世僧《とんせいそう》と呼ばれる僧であったことに注目しています。遁世というのは、本来、出家と同じ意味でしたが、一二世紀以降には、いったん官僧となった後に、官僧身分を離脱して、仏道修行に励むことを意味しました。遁世したはずの出家者の世界も、もう一つの世俗界であったので、遁世とか隠遁とか表現されたのです。とくに系図類などでは「遁世」と表記しているので、官僧から離脱した僧を「遁世僧《とんせいそう》」と呼びます。中世においては、この遁世僧が、大きな役割を果たしたのです。遁世僧の教団が成立すると、官僧にならずとも、遁世僧の教団に入ることも「遁世した」と呼ばれるようになります。

以下で触れる、法然、親鸞、道元、日蓮、一遍《いっぺん》といった、いわゆる鎌倉新仏教の祖師たちも遁世僧でしたし、貞慶《じょうけい》、明恵《みょうえ》、叡尊《えいそん》、忍性《にんしょう》ら、従来、旧仏教の改革派と呼ばれた仏教者たちも遁世僧だったのです。それゆえ、中世仏教の新しさを担っていたのは遁世僧であったといえます。彼らの担った仏教を遁世僧仏教と呼びます。私は、この遁世僧仏教こそが鎌倉新仏教であると捉えています。

以下、官僧と遁世僧という指標を使って、中世仏教史の展開を見ましょう。

法然──中世仏教の先駆け

中世仏教の先駆けが法然（一一三三─一二一二）であることに異論はありません。法然は中世仏教、すなわち遁世僧《とんせいそう》仏教の新しさを体現していたといえます。

法然は、長承《ちょうしょう》二（一一三三）年に美作国《みまさかのくに》稲岡荘《いなおかのしょう》（現在の岡山県久米郡久米南町）に生まれました。法然の父・漆間時国《うるまのときくに》は押領使《おうりょうし》という地方官人で、治安の維持にあたっていたようです。

法然が九歳の時に、彼の運命を大きく変える事件が起こりました。稲岡荘預所の明石定《あかしさだ》明《あきら》という武士の夜襲を受け、父が殺害されてしまったのです。父は臨終の際に仇討《あだう》ちを禁じ、出家して菩提を弔うようにと遺言しました。その言葉に従って法然は勉学に励み、一三歳で比叡山延暦寺に登り、二年後の久安《きゅうあん》三（一一四七）年に、延暦寺で受戒して僧となりました。こうして法然は延暦寺の官僧として歩み始めるのです。

先述のように、当時、僧侶になるには天皇の許可が必要でした。僧侶は、いわば国家公務員として位置づけられ、食料の支給や税の免除などの特権を与えられていました。しかし、その一方で、穢れ忌避といった制約を受けていたのです。

そのころ延暦寺などの官寺では貴族の子弟らの入山が相次ぎ、官僧の世界も戒律が乱れ、世俗化していました。天皇や貴族の子弟はどんどん位が高くなるのに対し、身分の低い家柄の出身者はたとえ才能があっても、下級の僧に甘んじなければならなかったのです。法然は「智慧第一」と称えられた秀才で、戒律にも精通していましたが、幼くして父を亡くした田舎出の僧侶にすぎず、官僧としての将来は暗澹《あんたん》たるものだったことでしょう。

法然は世俗の垢にまみれた官僧の世界に背を向けるようになり、一八歳の時に比叡山の黒谷別所《くろだにべっしょ》に移り、叡空《えいくう》に師事しました。黒谷別所は比叡山の中にあっても特殊な場所で、官僧から離脱した僧が集まって厳しい戒律のもとに修行を続けていたのです。黒谷別所はいわば、官寺と俗世界の境界的な場でしたから、そこにいると国家的な法会《ほうえ》に参加することを免除されるかわりに、生活の糧は自分たちで得なければなりませんでした。

ここに、法然は遁世僧となったのです。やがて法然は黒谷を出て、清涼寺《せいりょうじ》や醍醐寺《だいごじ》などで遊学し、四三歳の時に『観無量寿経疏《かんむりょうじゅきょうしょ》』の「一心に専ら弥陀名号《みだみょうごう》を念ず」という文言によって回心《えしん》（心を改めること）を体験します。つまり「念仏こそは、絶対的存在である阿弥陀によって選択された唯一の極楽浄土のための行《ぎょう》であり、念仏のみを専《もっぱ》ら修せよ」という考えにいたったのです。彼が得た悟りは「専修念仏《せんじゅねんぶつ》」と呼ばれます。それを核として法然は浄土宗を開き、遁世僧として京都東山の吉水《よしみず》（現在の円山公園の一部）で人々の教化に努めました。吉水は、平安京の東の入り口にあたる交通の要衝でした。まさに都市民が布教の対象であり、そこで、いわば鎌倉新仏教の祖師とし

「法然上人像（隆信御影）」京都・知恩院蔵

ての活動が始まったのです。

彼のもとには延暦寺の隆寛《りゅうかん》、長西《ちょうさい》、親鸞らが官僧身分から離脱して弟子入りし、次第に勢力を拡大していきました。その結果、都市の庶民のみならず、九条兼実《くじょうかねざね》らのような上級貴族までもが信者となるにいたったのです。法然の主著である『選択本願念仏集《せんちゃくほんがんねんぶつしゅう》』は兼実のために書かれたものだといわれています。

法然の専修念仏の考えは、人間の宗教的な能力は平等で、念仏さえ唱えれば誰でも極楽往生できるというものです。しかしそれまでは、修行の程度によって宗教的能力に差が生じるという考えが主流でしたので、法然たちは延暦寺や興福寺の官僧たちから異端視されるようになります。承元《じょうげん》元(一二〇七)年には、法然の弟子が後鳥羽《ごとば》上皇の女房と密通したという嫌疑をかけられ、それを機に専修念仏は弾圧され、法然も讃岐《さぬき》へ配流される事件が起こりました。その後許されて、建暦《けんりゃく》元(一二一一)年に吉水に戻りますが、その翌年に死去しました。

法然が新しい宗派を起こし、平安京の都市民たる貴族から庶民まで多くの人々に救済の道を開いたことは、以後の仏教に大きな影響を与えました。従来の仏教界が天皇からの公認を得たいわば研究者の集まりであったのに対し、法然が天皇の許可も得ずに、しかも俗人も参加できる宗派を成したことは画期的です。難しい学問や過酷な修行をしなくても、ただ「南無阿弥陀仏」と唱えるだけで往生できるという教えは、多くの人に受け入れられていきました。

法然に続き、多くの官僧たちが遁世僧として真の仏道修行を求めて動き出し、新しい仏教宗派を築くようになっていきます。それがやがて鎌倉新仏教という大きなうねりとなり、発展していくのです。

親鸞――「個」の救済の自覚

鎌倉新仏教といえば、あたかも親鸞（一一七三―一二六二）が代表のように言われますが、親鸞は法然門下の一人で、当時は、同じ法然門下の隆寛《りゅうかん》、証空《しょうくう》などと比較すれば、ほとんど無名の存在であった点にまず注目すべきです。それゆえ、同時代の残存史料が少なく、明治時代には、親鸞の実在が疑問視された時期もあったくらいです。

親鸞は、京都の中級貴族で、藤原氏の一族日野有範《ひのありのり》の子として、承安《じょうあん》三（一一七三）年に生まれました。九歳の時に慈円《じえん》を師として出家し、比叡山延暦寺所属の官僧となり、天台宗の修行に励みました。延暦寺では、無動寺谷大乗院《むどうじだにだいじょういん》や西塔聖光院《さいとうしょうこういん》などで修行を積み、堂僧として、常行堂《じょうぎょうどう》などで詠唱念仏《えいしょうねんぶつ》などを行っていたと考えられています。すなわち、阿弥陀仏の周囲を回りながら、美しい節を付けた念仏を詠唱していたのです。

「安城御影（親鸞聖人影像）」京都・本願寺蔵

ところが、二九歳の時に、六角堂《ろっかくどう》（京都市中京区）に参籠《さんろう》します。その際に、聖徳太子の夢告《むこく》（「女犯偈《にょぼんげ》」）を受け、延暦寺の官僧を辞めて、東山吉水の法然のもとへ参ることを決意し、法然に師事したのです。このように、親鸞も官僧から離脱した僧（遁世僧）であった点が注目されます。

また、法然の命を受けて九条兼実《くじょうかねざね》の娘玉日姫《たまひひめ》と結婚したことが注目されます。親鸞の妻としては恵信尼《えしんに》が著名です。しかし、正妻は玉日姫の方で、恵信尼とは玉日姫の死後に結婚したと私は考えています。この点はいまも論争が続いていますが、近世仏教の章で触れます。

法然のもとで、修行を積んでいた彼の運命を変える大事件が起こりました。建永《けんえい》二（一二〇七）年二月の専修念仏の停止《ちょうじ》です。建永の法難《ほうなん》（「承元《じょうげん》の法難」とも）といいます。これにより、幕府から念仏は禁止され、親鸞は越後（新潟県）に配流されました。建暦《けんりゃく》元（一二一一）年には許され、翌二年にはいったんは帰京しますが、その後、関東地方へ向かい、とくに常陸国（茨城県）に移住します。以来、二〇年間ほど東国教化に努めつつ、親鸞は独自の思想を深めたのです。貞永《じょうえい》元（一二三二）年頃には京都に帰り、弘長二（一二六二）年九〇歳で没するまで、『教行信証《きょうぎょうしんしょう》』などの著作の完成に励みました。

以上が親鸞の略歴ですが、つぎに彼の思想の独自性についてみておきましょう。

親鸞といえば、「悪人正機説《あくにんしょうきせつ》」を唱えたことで有名です。この悪人正機説というのは、悪人こそが阿弥陀仏の救いの主な対象だとする説です。もともと、阿弥陀仏が、仏になる以前の修行中に立てられた願《がん》（とくに第十八願）は、あらゆる人を救済の対象とし、善悪の差別をしていません。しかし、善人、つまり自力作善《じりきさぜん》の人は、自己の能力でもって悟りを開こうとするので、仏に全面的に頼る心が薄いのに対して、他方、悪人は自己の力では悟り得ず、仏の救済力に頼る以外に道はないので、悪人こそが阿弥陀仏の救いの対象となるというのです。

弟子唯円《ゆいえん》が、親鸞の教えの聞き書きをまとめた『歎異抄《たんにしょう》』には、「善人なほもて往生をとぐ、いはんや悪人をや」と述べられています。これに基づき、親鸞は、悪人も救われるのだから、善人が救われるのは当たり前、との一般通念に対し、善人でさえ救われるのだから、悪人が救われないはずはないとの論を展開した、と理解されてきました。

しかし、最近では、この悪人正機説は、実は法然の説だという見解もあります。それゆえ、親鸞の独自な思想として悪人正機説を取り上げるのは大いに疑問視されています。また、『歎異抄』は、唯円の聞き書きで、親鸞の説そのものではなく唯円の説が加えられていると考えられています。こうしたことから、悪人正機説は親鸞の中心思想とは言えなくなっているのです。さらに、親鸞の自著である『教行信証』の方が重要視されるようになってきています。ようするに、親鸞は、独自な思想を展開しようとしていたのではなく、師法然の思想を深め、敷衍しようとしていたと考えられています。

ところで、念仏による往生というと、死後のことを問題にして、この世のことを問題にしていないように思われがちです。しかし、重要なことは、漁猟など殺生に従事し、寺院を建てるなどの作善《さぜん》ができない人、つまり悪人であっても、念仏によって、死後は極楽へ必ず往生できるという保証を得られることになったことです。殺生などの破戒行為をせざるを得ない人々に安心を与えた点が重要なのです。念仏専修はいわば、そうした活動に従事する恐怖・罪の意識を合理的に解消してくれたといえます。このことは、悪人正機説が、親鸞の説であるか、法然の説であるかという問題を超えて、非常に重要です。それでは、親鸞の説の特徴はどこにあるのでしょうか。

まず、親鸞は、六角堂での夢告を踏まえて、僧侶が妻帯してもよいという考えを主張し、実際に玉日姫や、玉日姫の死後は恵信尼と結婚した点が重要です。この僧侶妻帯の主張こそ、従来の僧侶集団内でのタブーであり、それゆえ革命的であったといえます。なぜなら、延暦寺などの官僧たちは、戒壇で授戒を受け、その際、不淫戒《ふいんかい》（セックスの禁止）などの護持を誓っていましたから、実際は結婚する僧侶が例外ではなくても、建前としては、妻帯を公然と主張することは、許されなかったのです。いわば、親鸞以前は、破戒が一般的だったにせよ、戒律は厳として存在していたといえます。

ところが、親鸞は「非僧非俗《ひそうひぞく》」（僧侶でもなく、俗人でもない）を主張し、妻帯しつつ、僧侶的な暮らしをしたのです。つまり戒律を否定した、換言すれば、無戒を主張したと言えます。この立場は、明治以後、結局は、ほとんどの宗派が受け入れ、現在の日本仏教の特徴となってしまいました。それゆえ、決定的に重要な特徴といえます。その意味で、戒律軽視という日本仏教の特徴は、親鸞に始まるといえるのです。

さらに、私は、親鸞が自らの教えで「個人」救済を特徴としていた点を重視しています。

『歎異抄』には、親鸞が弟子唯円に対していつも言っていた「阿弥陀仏の五劫《ごこう》にわたる思惟《しい》の願をよくよく考えてみると、それは、ひとえに親鸞一人がためである」という言葉があります。五劫というのは、阿弥陀仏が四十八願を立てる前に思惟した非常に長い時間のことです。

これは、阿弥陀の本願は親鸞一人のためにあるという親鸞の自惚《うぬぼ》れを表しているわけではありません。「私ほどの「業《ごう》」を持っている身でさえ阿弥陀仏が助けようとされる」という『歎異抄』の別の言葉から判断すれば、悩める「個人」、阿弥陀の救済対象の典型としての親鸞の自覚を表していると考えられるのです。言うなれば「個」の自省を表しているといえます。それこそは親鸞教団が「個人」の救済をめざす宗教であったことを示しているのです。

現代人には、宗教といえば、個人を救済するものと思われがちですが、古代人にとってはそうではなかったのです。律令においては国家というのは天皇を指し、それゆえ、官僧による鎮護国家の祈禱というのは天皇の安全を祈ることを意味したのです。その場合の天皇というのは個人としての天皇ではなく、大和民族共同体の代表としての天皇でした。つまり、鎮護国家の祈禱においては、個々の具体的な悩める個人を対象としてはいなかったのです。

神祇信仰《じんぎしんこう》の場合ですが、現在でも伊勢神宮では、個人的な祈願をしてはいけないことになっているのも、そのことを端的に示しています。また、氏寺《うじでら》においても、氏共同体のための祈禱を行ってきました。以上のことからも、「個人」救済をめざすということの新しさがわかるでしょう。もっとも、近代以降の個人と、それ以前の個人とでは、相違があると考えられるので個人にカギ括弧を付けています。

日蓮――現世に浄土を築く

日蓮は、貞応《じょうおう》元（一二二二）年に安房《あわ》国長狭《ながさ》郡東条郷片海《とうじょうごうかたうみ》（現在の千葉県鴨川市）で生を受けました。漁師の子として生まれたといわれていますが、その出自に疑問をもつ声もあります。守護（国の治安維持に当たった有力武士）に仕えた文筆官僚の系譜を引く家柄ではないかと論ずる研究者もいます。

いずれにしても、一二歳の時に安房国の天台宗寺院である清澄寺《せいちょうじ》に入り、道善房《どうぜんぼう》を師として修行に励み、一八歳で出家し、官僧となりました。

その後、鎌倉・京都・延暦寺・奈良などでも修行を重ね、建長《けんちょう》五（一二五三）年春、三二歳の時に清澄寺に戻っています。当時の天台宗の僧侶は延暦寺で授戒《じゅかい》を受けることになっていましたから、おそらく日蓮も延暦寺で受戒《じゅかい》したと考えられます。

「日蓮大聖人御尊像」東京・池上本門寺蔵　重文

日蓮が清澄寺で自己の悟りを広め始めた当時、ちまたでは法然の説いた専修念仏が流行していました。多くの人々が「南無阿弥陀仏」と唱えて、西方浄土《さいほうじょうど》への往生を願っていたのです。

念仏の信者たちがあの世での救いに希望を託していたのに対し、日蓮はこの世での救済を説きます。彼は「救いの道は『法華経《ほけきょう》』にある」と考え、『法華経』を広めることによって、この世に浄土（理想の仏国）を築き上げようとしたのです。そして、「南無妙法蓮華経《なむみょうほうれんげきょう》（『法華経』を信じ、すべてをお任せします）」と唱える（唱題《しょうだい》）だけで救われると説きました。さらに『法華経』以外の諸経典を、釈迦の悟りの真相を説き切っていないものとして否定します。

しかし、その教えが熱心な念仏信者であった地頭（年貢の収取や治安維持に当たった武士）の東条景信《かげのぶ》の怒りに触れ、日蓮は故郷を追われてしまいます。その後は鎌倉に活動の場を移し、辻説法《つじせっぽう》により人々に教えを広めたのでした。このように、日蓮も官僧から離脱した遁世僧《とんせいそう》だったのです。

そのころ世の中では地震、大雨といった天変地異が頻発し、農作物の不作による飢饉、そして疫病が蔓延し、人々を苦しめていました。そこで日蓮は社会不安を解消すべく、文《ぶん》応《のう》元（一二六〇）年、幕府に『立正安国論《りっしょうあんこくろん》』を提出しました。「立正安国」とは「正法《しょうぼう》を立《た》て、国《くに》を安《やす》んじる」という意味です。日蓮は国の乱れを「念仏などの悪法が広まり、日本を守っている善神が逃げ出したため」と定義づけました。そして、国を安定させるためには、将軍は正法（正しい仏陀《ぶっだ》の教え）、すなわち『法華経』を広めるべきだと論じたのです。将軍など為政者が『法華経』を信じ、国民にも『法華経』を信じるよう勧めることを「諫暁《かんぎょう》」と言います。

日蓮は自分を、上行《じょうぎょう》菩《ぼ》薩《さつ》の再誕と称していました。上行菩薩は、釈迦から『法華経』を広めて人々を救うことを託された菩薩です。日蓮は自らを上行菩薩になぞらえることで正当性を主張し、浄土宗をはじめとする他宗を激しく批判し、改宗させようとしました。こうした布教方法を折伏《しゃくぶく》といいます。その結果、他宗の僧たちの反感を買い、弘長《こうちょう》元

（一二六一）年、伊豆の伊東へ流されてしまいました。二年後に罪は解かれましたが、再び火の粉をかぶることになります。

文永《ぶんえい》五（一二六八）年、蒙古（モンゴル）の使者が通商を求めて日本を訪れ、拒めば攻撃すると告げてきたのです。『立正安国論』で、「このまま悪法がはびこっていれば、やがて外国からの侵略を受ける」と指摘していた日蓮は、再度幕府に諫言《かんげん》しました。しかし、その主張は受け入れられず、文永八年、今度は佐渡《さど》へ配流されてしまったのでした。

文永一一年には許されて、いったんは鎌倉に帰り、その後、甲斐《かい》国（山梨県）の身延山《みのぶさん》に入ります。日蓮はその地で門下の教育や著述活動を続けながら、『法華経』至上主義を貫きました。しかし、建治《けんじ》三（一二七七）年ころから体調を崩してしまいます。日蓮は湯《とう》治《じ》のために常陸《ひたち》国へ向かうのですが、その旅の途中、武蔵《むさし》国の池上宗仲《いけがみむねなか》の屋敷で病状が悪化し、六一年の生涯を閉じました。弘安《こうあん》五（一二八二）年のことでした。

日蓮の教えは六人の弟子（六老僧《ろくろうそう》）に引き継がれました。南北朝時代には京都にも布教の拠点を置き、商人たちの信仰を集めました。その教えが彼らの団結を支える精神的な絆となったといわれています。

道元——坐禅することでいたる悟り

道元《どうげん》は、正治《しょうじ》二（一二〇〇）年に京都に生まれました。父は内大臣久我通親《こがみちちか》、母は藤原《ふじわらの》基房《もとふさ》の娘・伊子《いし》とされてきましたが、通親の子・大納言通具《みちとも》を父とする説が有力です。母方の基房も当時の最高権力者でした。道元は天皇を補佐する摂政《せっしょう》・関白《かんぱく》にもなれるほどの有力貴族の子として生まれたのです。しかし、八歳の時に母と死別し、出家の道を歩むことになります。建保《けんぽう》元（一二一三）年四月九日、比叡山延暦寺で出家し、翌日、天台座主《てんだいざす》・公円《こうえん》から授戒を受けています。このとき道元は一四歳でした。

当時、延暦寺戒壇での授戒日は四月八日と一一月八日に定められており、道元が受戒した四月一〇日は異例です。おそらくこれは、天皇家や摂関家の子息のためにだけ特別に行われた臨時の授戒だったのでしょう。こうしたことからも、道元が有力貴族の出身であったことが読み取れます。そのころは官僧の世界も俗世界と同様に身分関係の上下によって僧の位が決まるようになっていました。ですから、家柄のよい道元の前途は明るかったはずです。ところが、道元は延暦寺の教えに疑問をもつようになりました。

中世の延暦寺で主流となっていたのは「天台本覚思想《てんだいほんがくしそう》」という考え方です。現実をあるがままに肯定し、そのままでよいとする思想で、衆生《しゅじょう》においてすでに悟りが実現している、とするものです。これに対して道元は、「それならば、なぜ悟りを求める心を起こし、修行をしなければならないのか」と感じ始めました。その解決を求めて三井寺《みいでら》（園城寺《おんじょうじ》）の高僧・公胤《こういん》（一一四五—一二一六？）を訪ね、教えを請うと、禅を勧められます。公胤は当時の天台密教の泰斗《たいと》の一人で、承元《じょうげん》三（一二〇九）年には将軍実朝《さねとも》により鎌倉に招かれたほどで、説法の見事さで有名でした。

やがて道元は延暦寺を離れ、建仁寺《けんにんじ》に赴いて、栄西《ようさい》（日本臨済宗《りんざいしゅう》の開祖）の高弟・明全《みょうぜん》のもとで禅の修行に励むようになりました。けれども当時の日本には禅を専門的に学べる寺はなく、建仁寺も天台・真言・禅の三つの教えを兼修《けんしゅう》する寺院にすぎなかったのです。そこで道元は宋に渡り、本格的に禅を学ぶ決心をしました。そして、二四歳の時、師の明全とともに入宋《にっそう》するのです。

宋への留学は、道元の生涯に大きな影響を与えました。とくに阿育王山《あいくおうざん》（浙江省寧波市《せっこうしょうにんぽうし》）の典座《てんぞ》（禅寺で僧の食事を司る役職）との出会いは貴重な体験となりました。

道元の乗った船は貿易船も兼ねており、そこに典座が椎茸を買いに来たのです。道元はその老僧を招き、禅について語り合いました。日が暮れかけ、老僧は急いで帰ろうとします。道元が「食事の支度など、ほかの若い僧にまかせたらいいではありませんか」と言うと、老僧は「あなたは修行というものがわかっていない」と諭しました。それまで道元は坐禅を組んだり、書物を読んだりすることだけが修行だと思っていましたが、老僧の言葉に、炊事などを含めた生活のすべてが修行であると気づかされたのです。

その後、中国曹洞宗《そうとうしゅう》の如浄《にょじょう》禅師のもとで禅を学び、悟りを得た道元は安貞《あんてい》元（一二二七）年に帰国しました。建仁寺に身を寄せて『普勧坐禅儀《ふかんざぜんぎ》』を著し、「坐禅が最も優れた修行法である」という立場を明確にしました。

天福《てんぷく》元（一二三三）年には京都近郊に安養院《あんよういん》（のちの興聖寺《こうしょうじ》）を建て、そこで布教にあたり信者を増やしていきました。しかし、延暦寺から圧力があり、京都での布教を断念します。寛元《かんげん》元（一二四三）年七月、武士の波多野義重《はたのよししげ》に招かれて越前《えちぜん》（福井県）に移り、翌年、大仏寺《だいぶつじ》（のちの永平寺《えいへいじ》）を建立したのです。道元はこの寺で厳しい修行を続けながら、弟子の育成に励み、建長《けんちょう》五（一二五三）年八月二八日に亡くなりました。

「道元禅師頂相（月見の像）」福井・宝慶寺蔵

道元の教えは主著『正法眼蔵《しょうぼうげんぞう》』に記されています。とくに重要なのは「修証一如《しゅしょういちにょ》」という思想です。これは「悟りの手段として修行があるのではなく、修行と悟りは一つであり、その悟りを汚さないために修行を続けなければならない」ということです。これは、道元が抱いていた「なぜ修行するのか」という疑問の答えでもありました。彼は「只管打坐《しかんたざ》」、すなわち「ただひたすら坐禅せよ」と説き、坐禅することこそが悟りだと主張したのです。また、永平寺では出家して修行することの重要性を説き、修行生活を送るための規則を整えたのも功績の一つです。こうして道元は出家主義に基づき、坐禅そのものを重視する教えを日本に広めていきました。

以上、法然、親鸞、日蓮、道元といった鎌倉新仏教の祖師とされる僧侶の活動について見てきました。

従来は、鎌倉新仏教の指標といえば、選択《せんじゃく》・専修《せんじゅ》・易行《いぎょう》（反戒律）・反密教の四つが注目されてきました。すなわち、数ある仏教的な行の中から一つを選び、それを専修し、しかも、その行は誰でもできるように容易で、呪術的な密教要素がない、という四要素です。その典型が、法然・親鸞の念仏や日蓮の唱題、道元の坐禅に求められたのです。

しかし、法然は持戒《じかい》の聖者であったし、日蓮も三十番神（ひと月三〇日間を順に守護する神）を信仰し、道元も戒律護持を重視していました。それゆえ、それらは必ずしも指標たり得ないのです。そこで、別の指標として、ここでは彼らが官僧身分から離脱した遁世僧《とんせいそう》であったことに注目したいと考えます。もちろん、いったん遁世僧教団が成立すると、官僧にならず、遁世僧教団に直接入っていく僧侶も出てきますが、彼らも遁世僧であったのです。この遁世僧としての側面に注目すると、鎌倉新仏教の新しい動きの担い手が、いずれも遁世僧であった点が浮かび上がってくるのです。私見では、遁世僧の仏教を鎌倉新仏教と捉えています。そこで、従来、旧仏教の改革運動の担い手とされた僧侶についてもみておきましょう。

貞慶——釈迦信仰からの法然批判

解脱房貞慶《じょうけい》は、鎌倉前期の法相宗《ほっそうしゅう》の僧侶として、旧仏教の改革に努めた人として知られます。とくに、元久《げんきゅう》二（一二〇五）年には「興福寺奏状《こうふくじそうじょう》」の草案を制作し、建永《けんえい》二（一二〇七）年二月の法然教団への弾圧の、いわばきっかけを作った人物といえます。

明治以後の仏教研究において、鎌倉新仏教の典型といえば法然、親鸞と考えられてきたために、法然、親鸞の批判者の側に立つ貞慶については、さほど光が当てられてきませんでした。しかし、ここでは、一見すると鎌倉新仏教者とは全く相違しているかに見える貞慶に注目しましょう。

貞慶は、久寿《きゅうじゅ》二（一一五五）年五月二一日に藤原通憲《みちのり》（信西）の第二子貞憲《さだのり》の子として生まれ、建暦《けんりゃく》三（一二一三）年二月三日に五九歳で死去しました。祖父通憲は、平清盛と結んで権勢を誇りましたが、平治《へいじ》の乱（一一五九）に際して殺害されたことで知られます。一族には、叔父澄憲《ちょうけん》をはじめ優れた学僧が出ています。

貞慶の僧侶人生は、応保《おうほ》二（一一六二）年に始まります。彼は、その年、八歳でしたが、興福寺に入りました。永万《えいまん》元（一一六五）年には興福寺で出家し、同年に東大寺戒壇院《とうだいじかいだんいん》で受戒し、官僧となりました。それ以後、叔父の覚憲《かくけん》について法相・律などを学び、エリート・コースを歩んだようです。寿永《じゅえい》元（一一八二）年には鎮護国家の法会の中でも重要な維摩会《ゆいまえ》の竪義《りゅうぎ》（論義《ろんぎ》に際して義を立てる人）を、文治《ぶんじ》二（一一八六）年には維摩会の講師をも勤めました。

ところが、貞慶は、春日神の夢のお告げにより、官僧世界からの離脱を決意するにいたります。貞慶が遁世し、大和と山城の国境に位置する笠置寺《かさぎでら》に入ったのは、建久《けんきゅう》四（一一九三）年のことでした。

一般に、遁世とか隠遁というと世をはかなんで、ひっそりと生きることをイメージしがちですが、鎌倉時代の僧侶たちにとっての遁世は、新しい救済活動の起点となるものでした。なぜなら、官僧たちには、現在の公務員の服務規定にあたるようなものがあり、種々の制約があったからです。その最も大きな制約は穢れ忌避であったことは既に述べました。それゆえ、穢れを憚るあまりに、官僧たちの救済活動には、「たが」がはめられていたといえます。

　たとえば、ハンセン病（癩病《らいびょう》）患者の救済にしても、当時、ハンセン病者は穢れの極《きょく》にある非人《ひにん》と考えられていたので、官僧たちは直接的な救済活動を行えませんでした。貞慶は承元《じょうげん》三（一二〇九）年には曼陀羅《まんだら》堂再興を発願《ほつがん》した奈良の北山非人《きたやまひにん》に代わって願文《がんもん》を書いていますが、官僧時代の貞慶はそうしたことはできなかったはずです。また、寺社の復興などに寄付を募る勧進《かんじん》活動も、集金などは穢れにさわる恐れがあり、官僧たちには憚られたのですが、遁世後の貞慶は、真如《しんにょ》堂を勧進により再興したりしています。

「解脱上人坐像（貞慶）」京都・海住山寺蔵

　このような遁世僧としての貞慶の活動の中核には、釈迦信仰があったことを強調しておきたいと思います。というのも、貞慶といえば、春日信仰、地蔵信仰など多元的な信仰の持ち主と考えられがちですが、それらは釈迦信仰によって統一的に理解できるからです。

彼は、正治《しょうじ》三（一二〇一）年九月に唐招提寺《とうしょうだいじ》で釈迦念仏会《しゃかねんぶつえ》を行い、それを恒例の法会としたり、建暦二（一二一二）年に弟子覚真《かくしん》に命じて興福寺に常喜院《じょうきいん》を建て、律を講じさせたりしました。戒律復興に努めるなどの活動も、釈迦の教えである戒を守る運動であり、釈迦信仰の一環なのです。また、貞慶は建久七（一一九六）年二月に『地蔵講式』を執筆するなど地蔵信仰も有していましたが、その地蔵信仰にしても、釈迦がおらず、いまだ弥勒の下生《げしょう》（この世に出現すること）もない無仏の現在において、釈迦に代わって救済してくれるのは地蔵であるという考えに基づくものでした。春日信仰に関して言えば、彼は春《かす》日神《がのかみ》を釈迦の垂迹《すいじゃく》と考えていたのです。

もっとも、仏教は一般に釈迦信仰を核としているので、ことさら取り上げるまでもないように思えるかも知れませんが、中世においては、釈迦よりも阿弥陀を重視する阿弥陀信仰が隆盛していました。法然や親鸞らも、その流れに位置づけられます。そのため貞慶の釈迦信仰は特筆されるのです。法然らへの批判も、釈迦信仰を中核とした思想からなされているのです。

釈迦信仰以外に貞慶を特徴づける思想としては、唯識《ゆいしき》思想があります。貞慶が学んだ興福寺は慈恩大師基《じおんだいしき》にはじまる法相宗のメッカです。法相宗の核にあるのは唯識思想です。唯識思想というのは、「すべてのものは心（識）を離れては存在しない」とするもので、人が生死の世界を輪廻して苦しむのは偏《ひとえ》に己の心の虚妄な分別によると考えます。貞慶も、そうした唯識思想の立場に立っていました。

貞慶が興福寺の官僧身分を離脱して、笠置寺、海住山寺《かいじゅうせんじ》を拠点に、遁世しなければできなかったさまざまな活動を展開していたことは注目されます。従来は、貞慶を旧仏教の改革者、ようするに旧仏教者としますが、彼を鎌倉新仏教の担い手の一人として位置づけなおす必要があります。たんなる旧仏教の改革者であれば、官僧身分のままで改革者たり得たはずだからです。また、これは後にも記しますが、貞慶が、法然、親鸞らを激しく批判した背景には、たんなる思想の相違とは別に、信者獲得をめぐる対立があったのではないかと考えています。

明恵──本来の悟りを求める

明恵《みょうえ》も、従来、旧仏教者と位置づけられてきました。詳細な『夢記《ゆめき》』を遺し、自己の夢を解釈して修行に活用していたので、最近では、「夢を生きた人」として心理学でも注目されています。しかし、明恵も遁世僧《とんせいそう》として、釈迦信仰を中核として教団を組織していたことは、ほとんど知られていません。

明恵は、諱《いみな》を高弁《こうべん》と言います。承安《じょうあん》三（一一七三）年に紀伊《きい》国（和歌山県）で、武士であった平重国《たいらのしげくに》の子として生まれました。文治《ぶんじ》四（一一八八）年一六歳の時に叔父の上覚《じょうかく》を師として出家し、東大寺戒壇で受戒しました。以後、東大寺の尊勝院《そんしょういん》で華厳などを学んだのです。ところが、二一歳の時に国家的な法会への参加要請（公請《くじょう》という）を拒否して、以後、遁世しました。明恵もまた、南都系の官僧から離脱した遁世僧であったのです。そして、建永《けんえい》元（一二〇六）年には高山寺《こうさんじ》（京都市右京区）を再興しました。

明恵は、強烈な釈迦信仰を持ち、釈迦の故地であるインドへ渡航を計画したほどでした。明恵は、『悲華経《ひけきょう》』に説く、釈迦の五百願を重視していました。『悲華経』は、釈迦如来が、過去世《かこぜ》に宝海梵志《ほうかいぼんし》と呼ばれていた時に、宝蔵仏《ほうぞうぼとけ》の御前において五百の大誓願を起こし、菩薩道を行い、穢土《えど》で成仏したことを説く経典です。『悲華経』では、願文がどこから始まりどこで終わるのかはっきりしておらず、五百大願といっても、それは概数にすぎないようです。そして、五百大願の内容は、たとえば、衆生《しゅじょう》に善根を植えるために、阿鼻《あび》地獄《ごく》、畜生、餓鬼《がき》および貧窮の鬼神、卑賤の人中に入って無量の苦を受け、また、仏いまだ出世せざる時は、願いて仙人となりて衆生を教化するなどの願です。

法然《ほうねん》が建久《けんきゅう》九（一一九八）年に著した『選択本願念仏集《せんちゃくほんがんねんぶつしゅう》』が死後公開されると、明恵はその教えが本来の釈迦《しゃか》の教えに背いているとして、建暦二（一二一二）年に『摧邪輪《ざいじゃりん》』を著して批判しました。その主要な批判点は、法然が「菩提心《ぼだいしん》を不必要としている」ことです。菩提心は悟りを求める心で、それによってはじめて仏道修行が始まるような仏教の根幹に関わる心です。法然の説では、その菩提心がなかろうと阿弥陀仏を信じ念仏すれば救われるというのですから、明恵にとって極めて大きな問題でした。このことからもわかるように、明恵はあくまでも仏教本来の悟りを求める立場から新しい思想と実践とを探求したのです。また、明恵は、華厳宗と密教の融合に努めた点に特徴があります。さらに、善《ぜん》妙《みょう》寺《じ》という尼寺《あまでら》を開創するなど女性救済も行い、在家信者も含む教団を形成しました。

明恵は、承久《じょうきゅう》の乱（一二二一）に際して、逃れて来た多くの後鳥羽《ごとば》上皇方の人々をかくまったために、幕府の京都の拠点六波羅《ろくはら》に引き出されましたが、明恵は逆に北条泰時《ほうじょうやすとき》を説得したことで有名です。善妙寺に、承久の乱で後鳥羽方として殺された武士の未亡人が多く入ったのも、宗教者として、敵味方を区別せず、あらゆる人を救済しようとした明恵の毅然とした態度に、感銘を受けたためと考えられます。

栄西——遁世僧にして権僧正

栄西《ようさい》といえば、曹洞宗《そうとうしゅう》の祖師道元と並んで、臨済宗の祖師として大変有名ですが、正確にいえば、日本臨済宗一四派の一つである建仁寺《けんにんじ》派の開祖にすぎません。それでも、日本に臨済宗を伝え、鎌倉寿福寺《じゅふくじ》・京都建仁寺を創建して、日本最初の臨済宗教団を樹立したことは確かですし、鎌倉新仏教を代表する人物の一人であることは間違いありません。

栄西は、永治《えいじ》元（一一四一）年に備中国（岡山県）吉備津《きびつ》神社の神主賀陽《かや》氏《うじ》の子として生まれました。彼は、八ヶ月で生まれたので、隣人に早産の子は両親にとって良くないと言われ、母親は三日間も乳を与えず、その間、泣かなかったので死んだと思われていたのです。ところが、それを知った僧侶に非難され、見に行ってみると、生きていたのです。その後、両親は反省して大事に育てたと言います。

この話は、栄西を尊敬する禅僧虎関師錬《こかんしれん》（一二七八―一三四六）の『元亨釈書《げんこうしゃくしょ》』に見える栄西伝の記述で、信憑性の高いものです。異能児は誕生時から人と違うことを示す話ですが、逆にいえば、当時、育てるのが大変な早産の子に、乳を与えずに殺すことがかなり一般的であったことも示しています。

栄西は、一四歳で出家して延暦寺戒壇で受戒します。その後、仁安《にんあん》三（一一六八）年と文治《ぶんじ》三（一一八七）年の二度入宋《にっそう》しました。とくに、二度目は釈迦の霊跡を訪ねるために中国からインドへ向かうつもりだったのですが、西域は元《げん》の支配域のため断念し、中国臨済宗の虚庵懐敞《こあんえじょう》より法を受けて、建久二（一一九一）年に帰国したのです。当初は、九州、とくに博多で禅を布教しますが、建久五年には、比叡山側の反対を受けて、朝廷側から禅宗停止《ちょうじ》の命令が出されるほどでした。すなわち、栄西も、延暦寺系の官僧から離脱した遁世僧《とんせいそう》であったのです。

その後、京都を経て、正治《しょうじ》元（一一九九）年には鎌倉へ入り、鎌倉幕府の保護を受け、源頼朝の父義朝《よしとも》の屋敷跡に建てられた寿福寺《じゅふくじ》を任されたのです。寿福寺は都市鎌倉に建てられた最初の禅宗寺院です。こうした幕府の後援を受けて、建仁《けんにん》二（一二〇二）年には京都に建仁寺を建てるなど京都に逆進出するにいたりました。

栄西は、建保《けんぽう》元（一二一三）年には、遁世僧でありながら、鎌倉幕府の後援によって権僧正《ごんのそうじょう》という高い身分になっています。その上、建永《けんえい》元（一二〇六）年から建保三年には東大寺大勧進に任命され、東大寺の復興に努めました。そのため、一見すると、彼は遁世僧ではないように思えます。

ところが、『沙石集《しゃせきしゅう》』では、彼が権僧正に就任したことを「遁世の身でありながら僧正になったのは、遁世僧が非人のように蔑《さげす》まれていたので、いわば遁世僧の地位の向上のために僧正になったのだ」と弁護しています。こうした言い訳が必要なところに、遁世僧が原則的には官僧の体系から離脱した立場であったことが逆説的によく表れています。栄西は、遁世僧でありながら、権僧正になった例外であったのです。

「明庵栄西頂相（千光国師）」京都・両足院蔵

栄西は、『興禅護国論《こうぜんごこくろん》』（一一九八年以前成立）などを著し、禅が最澄の開いた天台宗の教学に背くものではなく、禅を興すことは国を護ることだと主張し、禅の主旨を明らかにしようとしました。また、鎌倉幕府によって密教僧としても重要視されました。このように、栄西は、のちの道元と異なり、坐禅のみならず、密教も兼修《けんしゅう》する立場であった点に特徴があります。

この兼修については、従来の鎌倉新仏教論は、選択《せんちゃく》・専修《せんじゅ》を重視するあまりに、否定的に評価されがちでしたが、近年では、栄西仏教の総合性を示すものとして大いに評価されています。密教は、現実を直視する面があり、栄西が二日酔いの将軍源実朝《さねとも》に茶を勧め、『喫茶養生記《きっさようじょうき》』を献じたのも、そうした密教医学論との関連で理解すべきと考えられています。

さらに、注目すべきは、釈迦の霊跡を訪ねるためにインド行きを計画したように、釈迦の仏法を中興したいと考えていた点です。ようするに、栄西は釈迦信仰の立場にたっていたのであり、栄西は、釈迦の定めたという戒律も重視していたのです。

俊芿――入宋し戒律を伝えた僧

俊芿《しゅんじょう》（一一六六～一二二七）は、我禅房《がぜんぼう》といい、京都泉涌寺《せんにゅうじ》の開山として知られています。彼は肥後国《ひごのくに》（熊本県）の出身で、一九歳の時に太宰府《だざいふ》の観世音寺《かんぜおんじ》戒壇《かいだん》で受戒して一人前の官僧になりました。奈良・京都に二年ほど遊学して帰郷し、正法寺《しょうほうじ》（熊本県荒尾市《あらおし》）を開いて修行しました。しかし、戒律を守らない官僧界を嘆き、戒律を究めようとして、正治《しょうじ》元（一一九九）年に入宋《にっそう》し、一三年間の滞在後、宋代の仏教を伝えました。俊芿も官僧から離脱した遁世僧だったのです。帰国後、建保《けんぽう》六（一二一八）年、京都仙遊寺《せんゆうじ》を宇都宮《うつのみや》（中原《なかはら》）信房《のぶふさ》に寄付され、嘉禄《かろく》元（一二二五）年には宋風伽藍《がらん》の寺院泉涌寺を開創しました。

日本仏教は、中国仏教の移入を契機として変革が起こることが多いのですが、栄西《ようさい》や俊芿らによる宋代仏教の移入の時もそうで、文化全般に影響を与えました。たとえば、鎌倉大仏が猫背なのも、宋代の仏像が猫背に制作されたことに拠るのです。

とりわけ、宋代仏教では、仏教の基本である戒《かい》・定《じょう》（禅《ぜん》）・慧《え》の三学に応じて、各々を専門とする僧が住む、律院、禅院、教院が形成されていたのですが、俊芿は泉涌寺を天台、浄土、真言（以上が教に当たる）、禅、律を兼修する（総合化して学ぶ）寺としました。

俊芿の伝えた戒律は後の叡尊らの戒律復興運動に大きな影響を与え、叡尊らの南京律《なんきょうりつ》（奈良が拠点）に対して泉涌寺系は北京律《ほっきょうりつ》（京都が拠点）と呼ばれました。貞慶、叡尊らは当初は泉涌寺僧に戒律を学んだのです。また、泉涌寺は、明治の神仏分離以前は天皇家の墓所として知られていました。それは四条《しじょう》天皇が俊芿の生まれ変わりと信じられ、仁治《にんじ》三（一二四二）年に、天皇の葬儀が泉涌寺で行われたことに由来し、以後、天皇の墓所が泉涌寺に設けられました。俊芿の弟子たちも、死穢を憚らず葬式に従事していたのです。

叡尊――戒律復興と「興法利生」

叡尊《えいぞん》（一二〇一―九〇）、房名は思円房《しえんぼう》で、彼や次項の忍性《にんしょう》について知る読者は少ないでしょう。しかし、鎌倉時代においては法然、親鸞、道元、日蓮といった今日著名な僧侶たちよりも、はるかに有名で、宗教のみならず政治・経済・文化の面でも、日本社会に大きな影響を与えた人物です。

現在において叡尊がそれほど知られていないのは、親鸞を典型とする鎌倉新仏教中心史観によって、叡尊らが重視した密教と戒律は、呪術的でかつ難行とされ、叡尊らは旧仏教改革派として過小評価されてきたからです。また、叡尊の系譜を引く教団（真言律宗教団）の勢力が現在は優勢でないこともその背景にあります。

叡尊は、奈良西大寺《さいだいじ》を中心として戒律復興を行ったことが知られています。前述の通り、西大寺は、天平宝字《てんぴょうほうじ》八（七六四）年、称徳《しょうとく》天皇（孝謙《こうけん》天皇）によって建立された寺院です。創建当初は、興福寺などをも凌ぐ壮大な寺院でしたが、叡尊が入った頃の西大寺は荒廃の極にありました。叡尊は、身命《しんみょう》を惜しまず、当寺に止住《しじゅう》し、正法《しょうほう》を興隆し衆生《しゅじょう》を救おう、と悲壮な決意をして復興に努めました。

また、高弟の忍性らとともにハンセン病者などの民衆救済に努める一方で、蒙古襲来に際しては蒙古退散祈禱をしたことで知られます。従来、叡尊は、法然・親鸞らを典型とする鎌倉新仏教と対照的に、旧仏教の改革者として位置づけられてきました。しかし、最近では、叡尊らの諸活動についての研究が進み、旧仏教の改革者というより、まさに鎌倉新仏教のもう一つの典型と捉え直されつつあることを強調しておきます。

叡尊は、建仁《けんにん》元（一二〇一）年五月に大和国《やまと》添上郡《そえかみ》箕田里《みたのさと》（奈良県大和郡山市《やまとこおりやま》白土町《しらつち》）に、

「興正菩薩叡尊上人坐像」奈良・西大寺蔵　国宝

興福寺の学侶慶玄《きょうげん》を父とし、藤原某を母として生まれました。建保《けんぽう》五（一二一七）年、一七歳で、醍醐寺《だいごじ》において出家し、密教を学ぶことにしました。このように、叡尊は醍醐寺所属の密教僧として僧侶人生を開始しました。とくに、まず官僧となった点に注目しておきます。

しかし、嘉禎《かてい》元（一二三五）年に西大寺宝塔院《ほうとういん》（東塔）に移り、翌年覚盛《かくじょう》らと東大寺で自誓受戒《じせいじゅかい》を行いました。破戒が蔓延した末世では真の戒師はいないとの認識から、仏・菩薩から直接受戒したのです。これを契機に遁世僧《とんせいそう》としての戒律復興運動が始まりました。

叡尊らは、寺に閉じこもらず、戒律を護持しつつ、興法利生《こうぼうりしょう》（仏教を興し、衆生を救済する）活動を行っていきました。叡尊の社会救済活動の背後には戒の力があった点は重要です。

寛元三《かんげん》（一二四五）年正月には、行基《ぎょうき》誕生の地を寺とした家原寺《えばらでら》（大阪府堺市）の住持《じゅうじ》（寺の責任者）職を獲得し、同年九月には彼ら独自の戒壇授戒場《かいだんじゅかいじょう》を創設します。叡尊は行基をモデルとして橋・池・道路の構築・整備などの社会事業のみならず、行基ゆかりの寺院の復興にいっそう努めることになります。また、官僧のままでは制約のあった、ハンセン病者救済や葬送に従事していきました。

さらに叡尊らは、法華寺《ほっけじ》（奈良市）尼戒壇《あまかいだん》といった以前にはなかった尼のための授戒場を創出し一人前の尼を生み出しました。また、尼にも伝法灌頂《でんぽうかんじょう》（密教の奥義を授ける儀式）を行い、密教修法の面でも救済主体である尼を創出したのです。そして、尼が集団で宗教生活を送れる場である尼寺を全国に作っていきました。鎌倉時代に限れば、日本最大の尼教団を形成していたのです。すなわち、女人救済の面でも目覚ましい活動を行ったのです。

叡尊とその教団は、たとえば高弟忍性が数多くの諸寺・橋・道路などの修造や石塔の制作を担えたことからも、石工などの技術者集団や、その資金を調達する集金集団を擁していたと考えられています。古代末から中世において、そうした寺・橋・道路の修造などは、勧進《かんじん》によって行われました。勧進とは、もともとは仏教用語で、人を勧めて仏道に入らせ、善根・功徳を積ませることを意味しましたが、平安時代の終わりごろからは、寺社の堂塔や仏像の造立・修理のために、人々に勧めて米・銭の寄付を募ることを意味するようになった言葉です。この勧進に従事したのは勧進聖《かんじんひじり》と呼ばれた人々ですが、叡尊・忍性らは、そうした勧進聖をも組織し、管轄下においていました。

叡尊の教団発展の画期となったのは、弘長《こうちょう》二（一二六二）年二月四日から八月一五日までの叡尊関東下向です。半年余りの関東下向は大成功に終わり、鎌倉幕府との結びつきを強めていきました。叡尊らは鎌倉幕府のみに公認されたわけではありません。朝廷からも崇敬を集めました。とくに、文永《ぶんえい》の役（一二七四年）・弘安《こうあん》の役（一二八一年）、すなわち蒙古襲来に際しての祈禱において大いに名を高めました。上皇・天皇・幕府の有力者からの帰依《きえ》も深まり、叡尊は生身仏《しょうじんぶつ》と見なされるようにもなったのです。

こうした叡尊教団は、のべ一〇万を超える信者を有し、全国に一五〇〇箇寺の末寺を有するほどに成長していきます。教団規模の大きさは当時の平安京の人口が一二万といわれることを考えれば、どれほどのものであったかは想像に難くありません。当時の日本を代表するこの遁世僧の教団の活動は一五世紀半ばまで継続していました。

正応《しょうおう》三（一二九〇）年八月四日、叡尊は病に罹《かか》り、二五日に死去しました。二七日には寺の西北の林（現在の奥の院）を荼毘所《だびしょ》と定め、そこで火葬されました。二八日には、骨拾《こつひろ》いがなされ、弟子たちの評議により、一丈一尺（三メートル四〇センチ）の五輪塔が建てられることになりました。現在の西大寺奥の院に、その巨大な五輪塔が残っています。

忍性――ハンセン病者の救済

良観房《りょうかんぼう》忍性（一二一七―一三〇三）は、建保《けんぽう》五（一二一七）年七月一六日に大和国《やまと》城下《きのしも》郡屏風里《びょうぶのさと》（現在の奈良県磯城《しき》郡三宅《みやけ》町屏風《びょうぶ》）に生まれ、嘉元《かげん》元（一三〇三）年七月一二日に鎌倉極楽寺で死去しました。叡尊の高弟の一人で、師をして「慈悲にすぎる」と言わしめた僧侶です。

忍性の社会救済事業は、忍性の伝記を記した『性公大徳譜《しょうこうだいとくふ》』によると、①寺院・塔婆《とうば》の建立、②経典などの書写と輸入、③馬衣《うまぎぬ》（粗末な衣）・白布《はくふ》、三万三千領を非人《ひにん》に与え、架橋一八九箇所、造った道は七一箇所、殺生禁断した所は六三、といった多岐にわたるものでした。とりわけ、経典については、律三大部《りっさんだいぶ》という戒律書一八六セットを中国から輸入したように、律僧として戒律復興にも努力しました。

忍性の社会救済事業のなかでも、非人救済は、その規模の大きさ及び期間の長さにおいて、他の教団には見られない活動といえます。そこで、忍性による非人救済活動について見ましょう。

「忍性菩薩像」鎌倉・極楽寺蔵

貞慶の項でも触れましたが、中世の非人というのは、江戸時代の「穢《え》多《た》・非人」といった身分呼称ではなく、ハンセン病（当時は癩病《らいびょう》と呼ばれた）患者を中核とする乞食・墓掘りなどに従事した人々を指す言葉です。非人とは、ハンセン病に罹ることによって、人にして人に非《あら》ざる存在とされ、穢れた存在として、厳しい差別を受けた人々でした。医学が発達していなかった当時、ハンセン病は不治の病とされ、不当な差別を受けました。仏教者においても、前世あるいは現世における悪業《あくぎょう》（悪い行い）によって、仏罰を受けた者とする考えが広がっていきました。

『性公大徳譜』によれば、仁治《にんじ》元（一二四〇）年四月から寛元《かんげん》元（一二四三）年以前のこととして、忍性が、歩けないハンセン病者を自ら背負って奈良の市に送り迎えし、また、自分の服を売って非人に施し、自らは畳《たたみ》（筵《むしろ》のこと）を体に巻き、壺に入れた湯によって暖をとったといいます。

この話は、律僧とライバル関係にあった禅僧虎関師錬《こかんしれん》が元亨《げんこう》二（一三二二）年に完成した『元亨釈書《げんこうしゃくしょ》』にも採録されています。

忍性は、文永《ぶんえい》四（一二六七）年八月に、鎌倉極楽寺の住持となりました。この時、五一歳。以後、八七歳で生涯を終えるまで、極楽寺は忍性の活動拠点でした。寺に残る極楽寺絵図には、西側に薬師堂・療病院《りょうびょういん》・癩宿《らいしゅく》・薬湯室といったハンセン病者の療養施設があり、東側には施薬悲田院《せやくひでんいん》・病宿といったハンセン病者以外の病者と貧民救済の施設がありました。

忍性らの非人救済活動は『文殊師利般涅槃経《もんじゅしりはつねはんぎょう》』（『文殊経』と略す）に基づいていました。それは、貧民や非人の救済事業といえば、官僧たちの文殊会《もんじゅえ》が年一回七月八日にありました。それに対して、忍性らは、文殊菩薩像（絵像の場合もあるが）などの造立供養《ぞうりゅうくよう》ごとに文殊会を行っていました。しかも、一時的な施行《せぎょう》（食料などを施すこと）のみならず、随時、斎戒《さいかい》の授戒を行い、恒常的に病気の治療も行っていたのです。治療のためには、奈良の北山《きたやま》十八間戸《じゅうはちけんこ》などの療養施設の建設と維持といった長期的な救済活動を行っていました。

忍性らのハンセン病者の救済活動が、継続的なものであった点に注意を喚起しておきます。先述のように叡尊・忍性らは、一五〇〇箇寺もの末寺を有する叡尊教団を形成し、ほぼ一五世紀半ばまでは教勢を維持していました。そうした教団によって、ハンセン病者への救済活動は忍性の死後も行われていたのです。

マザー・テレサは、インドのコルカタにおいて、ハンセン病者ほかの救済に生涯を捧げ、ノーベル平和賞を受賞しました。ハンセン病の特効薬プロミンが発明されるはるか以前の忍性の活動は、マザー・テレサに勝るとも劣らないものであったのです。

禅宗の発展——渡来僧・蘭渓道隆

一三—一四世紀は、「渡来僧《とらいそう》の世紀」と呼ばれるほど、数多くの優れた中国人僧が日本にやってきました。その背景には、モンゴル民族国家元《げん》による宋への圧迫、攻勢があったと考えられます。まさに、漢民族国家の宋は滅亡の危機にあり、優れた僧が、そうした国家存亡の危機を避けて日本に逃げてきた側面もあったのです。

日本側には、禅宗はすでに日本人僧の栄西《ようさい》らによって伝えられていましたが、栄西が鎌倉で禅僧としてよりも密教僧として知られていたように、禅宗は密教と兼修《けんしゅう》されるのが普通でした。他方、渡来僧は兼修ではない本場中国の禅を伝える役割を担ったのです。そうした禅を「純粋禅《じゅんすいぜん》」と呼んでいます。日清戦争に勝利するまでの日本にとって、中国文明は学ぶに値するものと見なされ、中世においても中国で流行っていた禅宗を導入しようとしたのです。渡来僧の代表的人物として蘭渓道隆《らんけいどうりゅう》（一二一三―七八）がいます。

蘭渓道隆は、西蜀《せいしょく》（四川省）涪江《ふうこう》の出身で、一三歳（一二二五）の時に、成都《せいと》（四川省）の大慈寺《だいじじ》で出家しました。その後、諸所を遍歴し、結局、平江府《へいこうふ》（江蘇《こうそ》省蘇州《そしゅう》市）陽山《ようざん》に住む無明慧性《むみょうえしょう》により得悟《とくご》したといいます。寛元《かんげん》四（一二四六）年三三歳の時に来日しました。

まず、彼は、中国での知り合いであった月翁智鏡《がっとうちきょう》を頼って、京都泉涌寺来迎院《せんにゅうじらいごういん》に入ります。その後、日本最初の禅寺である鎌倉亀谷山寿福寺の了心《りょうしん》が寿福寺に招き、鎌倉に住むことになりました。

宝治《ほうじ》二（一二四八）年一二月には、北条時頼《ときより》に招かれて、常楽寺《じょうらくじ》（鎌倉市大船）の住持《じゅうじ》となりました。以後、建長五（一二五三）年に建長寺に移るまで、蘭渓道隆はこの寺の住持を勤めたのです。この常楽寺入寺《にゅうじ》のころには、北条時頼との密接な関係ができていたようです。常楽寺は粟船山《ぞくせんざん》といい、開山は退耕行勇《たいこうぎょうゆう》（?―一二四一）で、時頼の祖父北条泰時《やすとき》と関係の深い寺です。蘭渓道隆が住持となって以後、中国禅の寺となりました。蘭渓道隆は建長寺に一三年勤めた後、文永二（一二六五）年に、京都の建仁寺に移りました。三年後には、再度、鎌倉に帰りますが、京都在住中に、後嵯峨《ごさが》上皇らの帰依も受けたといいます。
永仁《えいにん》三（一二九五）年に成立した歌論書、『野守鏡《のもりかがみ》』には「禅宗の諸国に流布することは、関東に建長寺を建てられしゆへ也」と指摘されています。建長寺の創建は、禅宗の展開にとって決定的に重要な意味をもっていたと指摘されています。それは過大評価ではなく、正しい指摘ではないかと考えられます。

というのも、時頼が蘭渓道隆を師として出家したからです。出家の師というのは、非常に重要な意味をもっており、時頼は種々の助言を蘭渓から受けた可能性は高いのです。たとえば、鎌倉幕府は、建長四（一二五二）年に沽酒《こしゅ》の禁止令をはじめて出したことが挙げられます。沽酒というのは、酒を売ることですが、時頼政権は、厳しく酒の販売を禁止し、自家消費用の酒樽一個を除き、それ以外を破却させるという熱の入れようでした。酒好きの多かった武士たちに守られたとは思えない法律ですが、時頼政権が酒の販売を禁止した背景に蘭渓道隆の存在が考えられます。蘭渓らは、『梵網経《ぼんもうきょう》』に説かれる菩薩戒《ぼさつかい》を重視していましたが、その戒には沽酒の禁戒があり、蘭渓は時頼に沽酒禁戒の護持を求めたと考えられるのです。専制政権化を進めていた時頼にとって、蘭渓は重要なアドヴァイザーであったと考えられます。

ところが、文永《ぶんえい》九（一二七二）年九月ころに比叡山延暦寺の僧侶たちの、禅宗の盛んな様子をねたんだ讒言《ざんげん》にあって、蘭渓道隆は、ついに甲斐《かい》国東光寺《とうこうじ》に逃れ、しばらく韜晦《とうかい》せざるを得なくなります。韜晦した理由に関しては、延暦寺側の禅宗に対する批判ばかりではなく、文永八（一二七一）年九月にモンゴルの使者趙良弼《ちょうりょうひつ》が来日（文永一〇年三月にも）したため、モンゴルのスパイ説も流れたためと考えられています。最初の蒙古襲来は、文永一一（一二七四）年一〇月のことです。日元間の軍事的緊張関係のなかで、渡来僧たちは、微妙な立場に立たされた可能性は高いのです。

また、陸奥《むつ》国（宮城県）松島《まつしま》にも出かけたといいます。その後、いったんは鎌倉寿福寺にもどりますが、また非難する者があり、再度、甲斐に行きました。この地方への避難は、禅宗の地方伝播にとって、またとない好機となったともいえます。弘安《こうあん》元（一二七八）年には、鎌倉にもどり七月二四日に死去しました。死後、大覚禅師《だいかくぜんじ》と諡《おくりな》されました。

一遍——信・不信を論ぜず

鎌倉新仏教の祖師（開祖）の一人に一遍《いっぺん》（一二三九―八九）がいます。一遍に関しては、史料が極端に少ないこともあって、従来は、一遍の伝記を絵と詞《ことば》で描いた国宝『一遍聖《いっぺんひじり》絵《え》』（『一遍上人絵伝《いっぺんしょうにんえでん》』とも。以下、『聖絵《ひじりえ》』と略す）に依拠して論じられてきました。『聖絵』は、正安元（一二九九）年八月二三日（一遍寂後一〇年目の忌日）に一遍の異母弟聖《しょう》戒《かい》が詞書《ことばがき》を書き、円伊《えんい》が絵を描いた絵巻です。聖戒は一遍に従い太宰府《だざいふ》などで修行しましたが、一二七四年以後は、一遍の最後の遊行《ゆぎょう》以外は同行せず、手紙のやり取りをするのみでした。それゆえ、一遍の全国遊行は見ておらず、『聖絵』の情報の正確さには限界があります。そこで、近年は、『遊行上人縁起絵《ゆぎょうしょうにんえんぎえ》』（『縁起絵』と略す）、『一遍上人年譜《いっぺんしょうにんねんぷ》略《りゃく》』（『年譜略』と略す）、『天狗草紙《てんぐぞうし》』なども使って伝記が記述されるようになってきました。とりわけ、従来ほとんど使われなかった『年譜略』が注目されています。ここでは、最新の成果に基づいて述べていきます。

一遍は、延応《えんおう》元（一二三九）年に伊予《いよ》（愛媛県）の武士河野通広《こうのみちひろ》の子として生まれました。河野氏は海の武士団として知られているように、一遍は武士身分の出身でした。一〇歳で母を亡くし、出家の志が生まれたようです。建長《けんちょう》三（一二五一）年一三歳の時には、前年に念仏僧として出家した父（法名如仏《にょぶつ》）に伴われて浄土宗西山義《せいざんぎ》の太宰府聖達《しょうたつ》上人、肥《ひ》前《ぜん》国の華台《けたい》上人を訪ね出家の功徳について聴聞しました。建長五（一二五三）年には、天台宗継教寺《けいきょうじ》の縁教《えんきょう》律師のもとで出家し、随縁《ずいえん》と名乗りました。その後、延暦寺に登り、天台宗を学び、二〇歳で授戒を受け、以後、天台宗の奥義を極めたといいます。このように、一遍も、法然、親鸞、道元らと同じく天台系の官僧として僧侶人生を始めたのです。

弘長《こうちょう》三（一二六三）年五月二四日、父通広が死去したため、兄である長子通真《みちざね》が家督を継ぎました。この父の死を機に一遍は延暦寺から故郷へ帰り、延暦寺には戻らなかったようです。

帰郷中のある日、天台の荊渓湛然《けいけいたんねん》の『止観輔行伝弘決《しかんぶぎょうでんぐけつ》』に載る「諸経所讃多在弥陀、故以西方而為一准」（さまざまな経典がいろいろな仏を讃歎するが、中でも阿弥陀仏に対するものがたいへん多いので、念仏の対象は阿弥陀仏に限る）の文言によって、浄土門を究めようと考え、再び太宰府の聖達和尚の所へ行って弟子となり、天台宗を捨て浄土宗に帰し、名を随縁から智真《ちしん》と改めたのです。文永《ぶんえい》元（一二六四）年、二六歳の時でした。

従来の研究では、『聖絵』を主に使用したために、一遍が天台系の官僧だった事実は全く無視されてきましたが、一遍も天台系の官僧から離脱した遁世僧《とんせいそう》であったのです。以後、浄土門の修行に励み、善光寺《ぜんこうじ》や菅生《すごう》の岩屋寺《いわやじ》などで修行しましたが、「他力」の深意を領解できなかったといいます。

建治《けんじ》元（一二七五）年、三七歳の時に、兄通真が死去し、弟の通政《みちまさ》が家督を継ぎました。ところが、親類の中に、家督を押領しようと、一遍を殺そうとした者がいました。一遍は傷を負いましたが、敵の刀を奪い一命を取り止めました。敵は計画の露見を恐れて自殺しました。ここに、一遍は人の貪欲さのおそろしさを感じ、世のはかなさを覚り、故郷を去ったのです。以後、宇佐八幡宮《うさはちまんぐう》、石清水八幡宮《いわしみずはちまんぐう》に詣で、参籠《さんろう》し、自利利他《じりりた》の方便《ほうべん》（自らの極楽往生の利益となり、同時に他者の利益ともなる手立て）を求めて祈願しました。また、霊《れい》夢《む》を受けて、熊野本宮《くまのほんぐう》の證誠殿《しょうじょうでん》に一〇〇日参籠し、満願の日（一二月一五日）に、神託を受けたといいます。その年を『聖絵』では文永《ぶんえい》一一（一二七四）年、『縁起絵』では建治二（一二七六）年のこととしています。

一遍は、熊野本宮へ参じる以前、大坂四天王寺《してんのうじ》で、「南無阿弥陀仏 決定往生 六十万人」（六十万というのはすべての人という意味で、南無阿弥陀仏と称えればすべての人が往生できる）と書いた紙の札を人々に配り始めました。これを賦算《ふさん》と言います。これを機に智真から一遍に改名します。

その後、熊野山で律僧に会った際に、「念仏を称えれば成仏できると言われても、そもそも阿弥陀仏を信じていないので、受け取れない」と賦算札を拒否されます。一遍は無理やり渡したのですが、この時に、阿弥陀仏を信じていない人に賦算札を与えてよいのか、賦算の方法に疑問を持ちました。ところが、證誠殿での参籠《さんろう》の際、熊野神の信託によって、阿弥陀仏の本願を信じようが信じまいが、浄・不浄を論ぜずに賦算せよと伝えられたのです。

また、備前吉備津宮《びぜんきびつのみや》（岡山市）神主の息子の妻が、夫の許可を得ずに個人として一遍に帰依するなど、女人救済（「個人」救済）に努めたことが注目されます。尾張甚目寺《じもくじ》（愛知県あま市）での非人救済活動も注目されます。浄・不浄を問題としない一遍においても非人救済は重要であったのでしょう。

一遍の思想はどういうものだったのでしょうか。同じく念仏信仰を勧めた親鸞は「信」を重視しましたが、一遍は、阿弥陀仏の絶対性を認めて、信すらも不必要で、念仏のみでよいと主張した点が特徴です。阿弥陀仏の本願を信じようと信じまいと、「南無阿弥陀仏」と口で称えるならば必ず極楽往生できるというものです。「信・不信を論ぜず」往生できるとしました。また、浄・不浄も問題としないと主張しています。穢れに触れることを必死で避けようとするのが常識であった当時、そうした思想は衝撃的であったはずです。

一遍は、遍歴の旅を続け、弘安二（一二七九）年には信濃佐久《しなのさく》（長野県佐久市）で踊り念仏を始めるなど布教を続け、とりわけ、都市鎌倉での布教に成功し、自信を深めました。

ところで、一遍が熊野権現《くまのごんげん》の神託を受けて悟りを得て以来、彼の教団へ加入するには、熊野神宣の体現者一遍を知識《ちしき》（指導者）と仰ぎ、熊野権現を一遍の師として帰依することを宣誓した後に入団を許されました。そして、一遍門下は熊野権現を祀ったのです。このように、一遍は、神祇信仰も重要視し、決して専修の立場ではなかったのです。

一遍の死後、教団は崩壊の危機にありましたが、弟子の他阿真教《たあしんぎょう》（一二三七―一三一九）によって教団組織が整備されました。

なお、一遍は、時宗《じしゅう》の祖師として位置づけられています。この時宗（衆）というのは、一日を六時に分け、それぞれの時に不断に念仏する衆に由来すると考えられています。そうした時宗の有力僧は、近江（滋賀県）番場蓮華寺《ばんばれんげじ》などを開いたとされる一向《いっこう》（一二三九？—一二八七？）など、一遍以外にも存在しましたが、江戸時代に一遍門流の勢力が時宗の主流となったことから、時宗の祖師は一遍と考えられるようになったのです。

「個人」の救済と遁世僧

これまで、鎌倉新仏教の代表的な僧侶らに注目してきましたが、いずれも遁世僧《とんせいそう》でした。また、叡尊教団など信者を獲得し巨大化した教団には女人救済や非人とされたハンセン病者救済など瞠目《どうもく》すべき活動があります。それらの活動は、いずれも「個人」（近現代の個人と区別してカギ括弧を付ける）救済に関わっていると考えています。

たとえば、一遍のところで述べたように、備前吉備津宮《びぜんきびつのみや》（岡山県岡山市）神主の息子の妻が、夫の許可を得ずに「個人」として入信し、騒動になったように、遁世僧たちは「個人」の悩みをもった女性にも救済の手を差し伸べたことを示していると考えられます。それゆえ、叡尊教団のように、尼寺を作り、尼への伝法灌頂《でんぼうかんじょう》などを行う教団が出現したのです。

ハンセン病者の救済も、ハンセン病に罹ることで、「個」として生きることを強いられた人々を救済することを意味し、それも「個人」救済を示していると考えられます。また、ハンセン病者が集団である場合も、村、家族などの共同体から「個」として生きることを強いられた点から、「個」の救済にあたります。

従来、鎌倉新仏教の特徴として民衆救済が挙げられてきましたが、当時の筆頭貴族の九《く》条兼実《じょうかねざね》までもが法然の信者であったように、鎌倉新仏教の特徴を一般民衆の救済に求めるのは不正確で、「個人」救済に求めるべきと考えます。

また、遁世僧仏教の特徴として「個」としてあの世へ旅立つ死者の救済もあります。日本の仏教といえば、葬式仏教と揶揄されるほど、僧侶は葬儀に従事するものと思われています。一般に、それは仏教伝来以来のことのように思われているかもしれません。しかし、僧侶が組織として、葬送に従事するようになったのは、鎌倉新仏教の担い手、遁世僧教団以来のことです。東大寺、興福寺、延暦寺などに所属した官僧たちは、葬式には基本的に従事しなかったのです。

では葬式関与において官僧と遁世僧との間で、こうした相違が起こった背景は何なのでしょうか。それは、何度も触れたように、穢《けが》れ、とくに死穢《しえ》に対する態度の相違に由来します。官僧たちは、いわば官僚的な存在であって、清浄であることを求められ、穢れ忌避の義務があり、死穢を不可避とする葬式に関与した場合は一定期間は鎮護国家の法会に参加したり、神事に関わるのを憚《はばか》らざるを得ないなど種々の制約があったからです。死穢を恐れるあまりに、死にかけた貧しく孤独な僧侶や非血縁の使用人は、寺外あるいは邸外に連れ出され、ひどい場合には道端や河原などに遺棄されることがしばしば行われていました。

ところが、遁世僧たちは、そうした制約から自由になった存在で、死穢をものともせずに葬送に従事し、遁世僧たちの寺院には境内墓地すら作られたのです。一四世紀には、天皇や将軍、官僧の葬送までも遁世僧たちが担うようになっていきました。他方の官僧の伝統を引く寺院では、死穢を避けるために葬送に従事しないという慣行が続いたのです。こうした葬送関与も「個」として死んでいく人々の救済と関わっていたのです。

ようするに、遁世僧仏教に共通する特徴は「個人」救済といえます。

第四　どのように広がり、定着したのか——室町・戦国時代

鎌倉幕府は、元弘《げんこう》三（一三三三）年五月に滅び、後醍醐《ごだいご》天皇による建武新政《けんむのしんせい》を経て、室《むろ》町《まち》幕府が成立しました。建武《けんむ》三（一三三六）年のことです。ここに、室町時代がはじまったのです。室町時代は、前章でみた遁世僧《とんせいそう》仏教、すなわち私見によれば鎌倉新仏教が、質的にも量的にも発展し、社会的に広範に定着してゆく時代です。

とくに、鎌倉幕府のもとで保護を受けた、遁世僧の穏健派である禅僧と律僧は、室町幕府によっても大いに保護・統制されました。一四世紀には、禅律方《ぜんりつかた》という保護・統制機関が設置されたほどです。また、室町時代の初期には、元弘以来の南北朝内乱で死んだ人々の鎮魂のために、国ごとに安国寺《あんこくじ》と利生塔《りしょうとう》が設定されました。他方、一五世紀以降になると、親鸞《しんらん》門流・時衆・日蓮《にちれん》門流が禅僧・律僧に代わって社会的に顕著な影響力を持つようになります。

そこで、まず、文観《もんかん》、夢窓疎石《むそうそせき》、一休宗純《いっきゅうそうじゅん》に注目して、室町時代の仏教のありようをみましょう。

異形の律僧、文観とは何者か

文観《もんかん》（一二七八―一三五七）は、後醍醐天皇の側近として仕え、権力を振るった「異形《いぎょう》」の僧として知られています。文観というのは、房名を字名《あざな》とした名で、正式な名前である諱《いみな》は、律僧としては殊音《しゅいん》、密教僧としては弘真《こうしん》と言います。

　文観は、豪族大野重真《おおのしげざね》の孫として、弘安《こうあん》元（一二七八）年に播磨国《はりま》（兵庫県）で生まれました。正応《しょうおう》三（一二九〇）年には播磨法華山一乗寺《ほっけさんいちじょうじ》で観性房慶尊《かんしょうぼうけいそん》を師として出家し、後に奈良興福寺に移って法相宗《ほっそうしゅう》を学んだようです。永仁《えいにん》三（一二九五）年には遁世して西大寺慈道房信空《じどうぼうしんくう》に従って、律僧として沙弥戒《しゃみかい》を受け、正安《しょうあん》二（一三〇〇）年には比丘戒《びくかい》を受けたようです。正安四（一三〇二）年、すなわち二五歳の時には、奈良般若寺《はんにゃじ》所属の律僧となっています。この律僧というのは、先述のように、釈迦が定めたという戒律の研究と護持を専門とし、人々に戒律護持を勧めた僧のことです。その後、出身地播磨（兵庫県）の北条常楽寺《ほうじょうじょうらくじ》の復興に尽力し、大和笠山《やまとかさやま》（桜井《さくらい》市笠《かさ》）竹林寺《ちくりんじ》の長老などを歴任しました。

　正和《しょうわ》五（一三一六）年には、京都醍醐寺報恩院《だいごじほうおんいん》の僧道順《どうじゅん》から伝法灌頂《でんぼうかんじょう》を受け、報恩院流の法流《ほうりゅう》に連なったのです。道順は後醍醐天皇の父後宇多《ごうだ》天皇の信任厚い僧で、文観は道順人脈で後醍醐天皇と結びついたと考えられています。正中《しょうちゅう》二（一三二五）年には後醍醐天皇に印可《いんか》と護国の経典である『仁王経《にんのうぎょう》』の秘法を授け、内供奉《ないぐぶ》という天皇の護持僧に任命されるなど後醍醐天皇近侍の僧として出世していきました。

　文観は、嘉暦《かりゃく》元（一三二六）年から元徳《げんとく》元（一三二九）年にかけて、後醍醐の命を受けて、中宮西園寺禧子《きし》の御産祈禱と偽り鎌倉幕府滅亡の祈禱を行い、幕府によって硫黄島に流されました。建武新政によって許され、一時、栄華を貪りましたが、新政の崩壊にともない失脚したのです。後醍醐天皇は、日野俊基《ひのとしもと》、楠木正成《くすのきまさしげ》といった下級貴族、無名の武士を抜擢するなど、旧来の序列秩序の打破に努めたことで知られます。後醍醐天皇は、祈禱の面でも、官僧だけでなく、遁世僧も登用しました。文観らが登用されたのも、その一環であったのです。

文観は、遁世僧の一つである律僧として、一方ではハンセン病者、乞食など非人と呼ばれた人々とも関係を持っていましたが、他方、後醍醐天皇の大抜擢によって官僧の顕職《けんしょく》である東寺一長者《とうじいちのちょうじゃ》、高野山金剛峯寺座主となるなど、異例の経歴の持ち主といえます。それゆえ、建武二（一三三四）年には金剛峯寺の僧たちから、金剛峯寺座主の罷免要求が出されたほどでした。文観は「隠遁黒衣《いんとんこくえ》」の身でありながら、名利《みょうり》のために、金剛峯寺の座主となり、律僧でありながら戒律を守らない、として非難されたのです。文観は、また、密教の邪教と言われる立川流《たちかわりゅう》の大成者として位置づけられ、糾弾されています。文観は、そうした異形の僧で、後醍醐とともに吉野へ行き、正平《しょうへい》一二（一三五七）年に河内《かわち》天野金剛寺《あまのこんごうじ》で死去しました。

文観が、律僧としてよりも密教僧として後醍醐天皇に重用され、権勢を誇ったように、中世において真言密教が極めて重視されていたことに注意する必要があります。従来、密教は呪術として否定されがちでした。しかし、天皇の皇位継承に際しては、一三世紀後期（一二八七年に即位した伏見《ふしみ》天皇は確実に灌頂を受けている）以来、天皇が即位《そくい》灌頂《かんじょう》（印相《いんぞう》と真言《しんごん》が伝授され真言を唱える）を受けるほど、非常に重視されていたのです。

幕府の「官僧」となった夢窓疎石

夢窓疎石《むそうそせき》（一二七五―一三五一）は、建治《けんじ》元（一二七五）年に生まれました。伊勢（三重県）の出身で、一説によれば、父は佐々木氏《ささきうじ》系の東条朝綱《とうじょうともつな》、母は北条政村《ほうじょうまさむら》の娘と伝えられています。四歳の時に甲斐（山梨県）に移り、その年に母親が亡くなりました。その後、弘安《こうあん》六（一二八三）年に平塩寺《へいえんじ》（廃寺、山梨県）で、空阿《くうあ》を師として出家しました。その後、正応《しょうおう》五（一二九二）年、一八歳で奈良に赴き、東大寺戒壇で受戒しました。ここに、ひとまず一人前の僧侶となったのです。その後、平塩寺に帰って仏道修行に励んだといいます。

夢窓疎石が平塩寺で学んだのは、天台宗と密教だったといわれますが、天台宗と密教を兼修したとすれば、夢窓疎石は園城寺《おんじょうじ》（滋賀県大津市）系の僧侶ではなかったかとまず考えられます。実際、天台宗系なのに当時の園城寺系の僧侶は東大寺戒壇で受戒していたので、夢窓疎石が東大寺戒壇で受戒したというのも理解できます。

ところが、天台の師の死に際が悪かったのを見て、経典などに精通していたはずの師が成仏できなかったと考えて、自分が今まで学んで来たことに疑問を持つにいたります。当時、まさに「往生際が悪い」と、成仏できなかったと判断されたのです。結局、経典を通じて悟りへいたることへ疑問を持ち、「教外別伝《きょうげべつでん》」「不立文字《ふりゅうもんじ》」の立場に立つ禅宗に転じることにしたのです。

「教外別伝」とは、文字や言葉によらないで直に心から心へ仏祖の悟りを伝えることで、他方の「不立文字」とは、語句や文字を立てないという意味で、禅宗では、心から心へ直に法を伝えて、経論の語句や文字に依らないことを表す表現です。

永仁《えいにん》二（一二九四）年以来、夢窓は禅に転宗し、中国から来朝した一山一寧《いっさんいちねい》、高峰顕日《こうほうけんにち》らに師事しました。三一歳の時に、高峰顕日の法を嗣いだのです。以後、高峰顕日の弟子として活躍し、後醍醐天皇、足利尊氏《あしかがたかうじ》・直義《ただよし》兄弟の帰依を受けて、南北朝時代の臨済宗の繁栄をリードしてゆきました。とくに、北条高時・後醍醐天皇・楠木正成《くすのきまさしげ》ら鎌倉幕府滅亡・南北朝動乱で死んだ人々の怨霊を恐れる足利尊氏・直義兄弟に勧めて、怨霊鎮魂《おんりょうちんごん》のために全国の国ごとに一寺・一塔を設定した諸国安国寺《あんこくじ》・利生塔《りしょうとう》と天龍寺《てんりゅうじ》（京都市嵯峨）を建設させたのは注目すべきものです。

安国寺は建武五（一三三八）年ころから康永《こうえい》四（一三四五）年にかけて諸国に一寺ずつ

指定されました。他方の利生塔は、三重塔あるいは五重塔で、舎利《しゃり》二粒を納め、安国寺と同時期に諸国に一塔ずつ指定されました。室町幕府は、安国寺・利生塔として、保護・統制するかわりに、怨霊鎮魂を祈らせたのです。

安国寺・利生塔という名称は、康永四年に決まったものです。安国寺・利生塔は新たに寺と塔を建てるのではなく、旧来の寺院や塔婆を安国寺・利生塔として指定しました。安国寺には禅寺が、利生塔には律寺が多く指定されました。このように、利生塔寺院として律寺が多く指定されていた点からも、律僧が禅僧とならんで初期室町幕府において大きな役割を果たしていたことがわかります。

日本全国に設定された安国寺・利生塔は、北朝勢力を全国的に広める意味もあり、聖武天皇の国分寺・国分尼寺政策に匹敵する意義をもっていました。また、天龍寺は、夢窓の進言に基づき、貞和《じょうわ》元（一三四五）年に、尊氏・直義によって、後醍醐天皇の霊を慰めるために亀山の離宮の地に建てられた寺院です。尊氏・直義らが後醍醐天皇の怨霊をいかに恐れていたかがわかります。

夢窓疎石ほかの活躍によって、臨済宗は、室町幕府の「官寺」化（カギ括弧は、朝廷側の官寺と区別するため）し、大勢力となっていきました。そして幕府と結びついた禅宗寺院間には、五山《ござん》・十刹《じっさつ》・諸山《しょざん》という格付けができ、僧は五山派僧と呼ばれました。夢窓疎石が開山となった相国寺《しょうこくじ》（京都市）の鹿苑院《ろくおんいん》は、五山派僧の統括者である僧録《そうろく》の住居として栄えました。京都の鹿苑寺金閣《ろくおんじきんかく》、慈照寺銀閣《じしょうじぎんかく》などは、五山派僧の繁栄ぶりを象徴する建物なのです。他方、幕府と一線を画した永平寺《えいへいじ》（福井県吉田郡）系の曹洞宗や臨済宗の大《だい》徳寺《とくじ》（京都市北区）・妙心寺《みょうしんじ》（京都市右京区）の寺は林下《りんか》と呼ばれたのです。

臨済禅の僧侶が室町幕府の官僚、すなわち、「官僧」と化したことにより、住持《じゅうじ》の任命権を幕府が握る寺院もあるほどでした。その任命状は公帖《こうじょう》と呼ばれ、その任命料が室町幕府の収入源となったのです。これまで、官僧といえば、天皇が得度許可権、僧位・僧官任命権を握る官僚僧のことを指していましたが、すでに鎌倉時代には、幕府の官僚僧「官僧」が誕生していました。

そして、「官僧」は室町時代には一般化し、禅僧は宗教的な役割のみならず、外国との交渉にも重要な役割を果たし、さながら外交官でもあった点にも注意する必要があります。禅寺には中国人僧が多くいたために、禅僧は中国語に堪能であったことによるのでしょう。さらに、諸国安国寺・利生塔が守護勢力の後援を受けたように、臨済禅や律寺は守護勢力の保護を受けて全国に展開してゆきました。

反骨と洒脱——一休宗純

一休宗純《いっきゅうそうじゅん》（一三九四—一四八一）は、頓知・頓才の小僧として人々に知られています。ですが、そうした一休像は、いわば伝説にすぎず、『一休咄《いっきゅうばなし》』（一六六八年刊）が基本になって形成されているのです。それでは、一休はどのような人物だったのでしょう。

一休というのは、いわばあだ名である道号《どうごう》（字）で、正式な名である諱《いみな》は宗純（順）です。一休という名は、煩悩と悟りの間で「ひとやすみ」するという意味で、自由奔放を旨《むね》とした一休を端的に表す名といえます。

一休は、後小松《ごこまつ》天皇を父とし、南朝方の貴族の娘を母として、生まれたとされます。六歳の時に、京都安国寺に入り、象外集鑑《ぞうがいしゅうかん》に師事し、周建《しゅうけん》と名付けられます。ところが、一六歳のころには、安国寺を去って、近江《おうみ》（滋賀県）堅田《かただ》の華叟宗曇《かそうそうどん》の門下となったのです。華叟宗曇は、先述した林下の大徳寺開山大燈国師《だいとうこくし》（宗峰妙超《しゅうほうみょうちょう》）の禅の系譜を引いた僧で、一休は、彼から授けられた道号です。

以後、琵琶湖畔で、香袋を作り、雛人形に絵付けをしながら修行に励み、二七歳の時に、湖上を渡るカラスを見て悟ったといいます。やがて、堅田を離れ、京都や堺の市中でも、禅を求め、禅を説いたのです。五山派のみならず、大徳寺派の禅僧たちに対しても、名利を求め安逸に流れる生き方を批判しました。堺の町中を腰に大きな木刀を差し、尺八を吹いて歩きました。木刀が外見は真剣と違わないように、真の禅僧は少なく、偽坊主が世人を欺いていると揶揄したのです。

このように、一休は、虚飾と偽善を嫌い、自己に純粋に生きようとし、公然と酒を飲み、女犯《にょぼん》をも行ったのです。七〇歳をすぎた晩年にも、森侍者《しんじしゃ》という盲目の美女を愛したのです。

康正《こうしょう》二（一四五六）年には、山城《やましろ》国南部に妙勝寺《みょうしょうじ》を復興し、寺内の酬恩庵《しゅうおんあん》を拠点に活動しました。文明《ぶんめい》六（一四七四）年には、大徳寺四七世住持となり、堺商人尾和宗臨《おわそうりん》らの援助を受けて、応仁の乱で焼失した大徳寺の復興をなしとげます。

こうした自由奔放、奇行に富む一休でしたが、その反骨と洒脱、庶民的であった生き様は、江戸時代になると、虚実ないまぜになって、頓知に富み、庶民の味方である一休像ができあがったのです。

以上、禅（律）僧は室町政権によって公認され、保護されたために、逆に一般武士や商工業者などとの関係は希薄となっていったといえます。とくに律僧は、他の遁世僧教団《とんせいそう》との競争にやぶれて、勢力が衰えていったようですが、一五世紀半ばまでは勢力を保持していたことを忘れてはいけません。

また、道元門流の曹洞宗には瑩山紹瑾《けいざんじょうきん》（一二六八―一三二五）が出て、禅を民衆へ広め、教線を拡大してゆき、後の繁栄の基礎を築いたといえます。

ところで、室町時代以降においては、遁世僧仏教が躍進する時代でしたが、官僧側も、必死に勢力の維持に努めたので、直線的に下向の一途をたどったわけではありません。官僧の側も変化し、穏健派の遁世僧を公認し、勧進活動や葬送などを任せ、勢力の強化を図っていったのです。それゆえ、織田信長は官僧寺院の代表である延暦寺の焼き討ちを敢行する必要があったのです。

戦国仏教

日蓮宗も浄土真宗も鎌倉新仏教とされていますから、鎌倉時代に大きな勢力を持ったように思われるかもしれません。しかし、遁世僧《とんせいそう》の急進派であった親鸞門流と日蓮門流とが、一般武士や町衆と呼ばれた商工業者の布教に成功して社会的に大きな影響力を持ち出すのは、室町中期以降の戦国期でした。それゆえ、彼らの仏教を戦国仏教として評価すべきとする説も出ているほどです。

従来、あまりにも偏った鎌倉新仏教中心史観によって、仏教が祖師中心に論じられてきたのは確かであり、戦国仏教という名前を付けて、戦国期の日蓮門流と親鸞門流の活動に光を当てることは重要です。そこで、室町中期以降に活躍した日親《にっしん》と蓮如《れんにょ》に注目して、戦国仏教のありようを見てみましょう。

町衆の心を摑んだ日蓮門流

日蓮は、弘安《こうあん》五（一二八二）年に死去しました。死を悟った日蓮は、六人の高弟に後事を託したのです。日昭《にっしょう》、日朗《にちろう》、日興《にっこう》、日向《にこう》、日頂《にっちょう》、日持《にちじ》の六老僧です。以後、これら六人の高弟たちを中心に布教活動が始められていきました。日蓮は、鎌倉を中心に布教活動を行ったので、当初は鎌倉妙本寺《みょうほんじ》や下総中山法華経寺《しもうさなかやまほけきょうじ》（千葉県市川市）など関東に拠点寺院を形成していました。

京都方面では、日朗門下の日像《にちぞう》（一二六九―一三四二）が京都に妙顕寺《みょうけんじ》を建て、建武《けんむ》元（一三三四）年には勅願寺《ちょくがんじ》（天皇の御願を祈る寺）となりました。一四世紀の初頭には朝廷に公認されるようになり、京都・鎌倉の武士や商工業者を中心に支持を集めていきました。しかし、執拗に説得して相手を従わせる折伏《しゃくぶく》や権力者に改宗を勧める諫暁《かんぎょう》が日蓮門流の布教の特徴であることもあり、ときには弾圧される場合もありました。

とりわけ、一五世紀の日親《にっしん》（一四〇七―八八）は注目されます。日親は、将軍足利義教《あしかがよしのり》に対して諫暁を行い、弾圧を受けたからです。日親は、応永《おうえい》一四（一四〇七）年、上総国《かずさ》埴谷《はにや》（千葉県山武《さんむ》市）に領主埴谷左近将監法義《のりよし》（重義）の一族の子として誕生しました。一〇歳になるかならないかの頃、埴谷の妙宣寺《みょうせんじ》日英《にちえい》に従って出家し、下総の中山法華経寺で修行した後、応永《おうえい》三四（一四二七）年、二一歳以降は、鎌倉・京都で布教しました。永享《えいきょう》五（一四三三）年二七歳の時には、中山法華経寺の檀越《だんおつ》（檀家）である千葉氏の領地、肥前《ひぜん》小城《おぎ》郡松尾《まつお》（佐賀県小城《おぎ》市）光勝寺《こうしょうじ》に下向《げこう》しました。しかし、苛烈な折伏によって題目《だいもく》信仰を勧めたために、永享九年七月には小城を追放されてしまったのです。時に三一歳のことでした。

その後、京都に出た日親は、京都本法寺《ほんぼうじ》を中心に活動し、永享一一年五月六日には、将軍足利義教邸で「現在の世の乱れは、将軍が法華経を信じないことによる」と直訴しました。義教は、その苛烈な専制政治志向で知られますが、再度行ったら厳科《げんか》に処すことを言い渡されて、いったんは釈放されました。

ところが、翌永享一二年にも再度、諫暁を行おうとしたために逮捕され、拷問を受けたのです。それは熾烈を極め、熱く熱した鍋を頭からかぶせられたり、性器に竹串をさされたりといった激しいものだったようです。それにより、日親は「鍋かむり上人」と呼ばれるようになりました。

こうした弾圧に屈しない、強固な信仰心には心うたれます。日親は、以後、許されては、また逮捕されたりしましたが、折伏活動を続け、有力な町衆であった本阿弥光悦《ほんあみこうえつ》の曾祖父の帰依を受けるなど、京都の町衆の信者を獲得するのに成功しました。

そうした日親らの活動もあって、日蓮宗は、京都の都市民衆に広まっていきました。天文《てんぶん》元―五（一五三二―三六）年には、一向一揆と戦うほどの一大勢力となったのです。京都の町衆を結集して（法華一揆《ほっけいっき》という）、年貢などの免除、裁判・警察権を掌握するなどの自治を行いました。しかし、天文五年、延暦寺との対立をきっかけに、延暦寺ら諸国寺院と諸大名の軍勢によって焼き討ちされて法華一揆は終りました。世にいう天文法華《てんぶんほっけ》の乱です。

蓮如はなにを説いたのか

親鸞の門流は鎌倉時代・室町時代前期まではメジャーな勢力ではありませんでした。蓮如《れんにょ》（一四一五―九九）によって本願寺《ほんがんじ》教団は発展し一大勢力となったのです。蓮如の活躍以前は、京都仏光寺《ぶっこうじ》（仏光寺派）、下野高田《しもつけたかだ》（栃木県真岡市《もおか》）専修寺《せんじゅじ》（高田派）の方が勢力はあったようで、本願寺派は優勢ではなかったのです。

蓮如は、親鸞の教えをわかり易く説いた「御文《おふみ》」によって、民衆に親鸞の教義を広めたとされています。その一方で、いわば本願寺王国を建設し、一種の平等主義といえる同朋主義を主張して「弟子一人も持たず候」という立場をとった親鸞の教えを変容させたとされるなど、その評価が分かれる人物です。しかし、蓮如が、浄土真宗の中興者、いや、現在において非常に大きな教団の一つである浄土真宗教団の発展を基礎づけた人物であったことは確実です。

蓮如は、七世宗主の存如《ぞんにょ》を父とし、祖母の召使いだった女性を母としてこの世に生を受けました。応永《おうえい》二二（一四一五）年のことでした。母親は、蓮如が六歳の時に失踪しました。存如の正妻が、室町幕府将軍の奉公衆《ほうこうしゅう》海老名《えびな》家から迎えられたからだといいます。母親は、六歳の蓮如の絵を絵師に描かせ、それを持って家を出たのです。蓮如が、四三歳という中年で継職《けいしょく》したのも、その母親の出自の低さによるのでしょう。母親の出奔により、蓮如は、継母に育てられることになりました。後年、先の絵師を捜し出して、母の行方を捜したが見つからなかったといいます。仏教者には、法然、道元、叡尊、夢窓らのように、幼くして片親となった人が多いのですが、蓮如も片親を事実上亡くした一人でした。

蓮如は、長禄《ちょうろく》元（一四五七）年に、本願寺の第八代目の住持《じゅうじ》になると勢力的な布教活動を行いました。当初は、近江（滋賀県）を中心として活動し、鍛冶屋・油屋・桶屋・麴屋・研屋・舟大工などの手工業者を信者とするのに成功したのです。浄土真宗は、農民を信者にしたとよく言われてきましたが、蓮如が最初に信者化することに成功したのが、都市的な場で暮らし、「個」の悩みを持つ手工業者であったことに注目すべきです。現在も、真宗寺院では、聖徳太子信仰が盛んで、聖徳太子像を祀る太子講が行われていますが、その担い手が鍛冶屋や大工であることも多いのです。

蓮如は、近江での布教に成功しはじめると、延暦寺の弾圧を受け、その後、吉崎御坊《よしざきごぼう》（廃寺、福井県あわら市）、山科《やましな》（廃寺、京都市）本願寺、大坂（大阪府）石山《いしやま》本願寺（廃寺）と移りました。

蓮如は布教に際して、具体的にはいかなることを説いたのでしょうか。蓮如は、複雑な要素を持つ親鸞思想を単純化し、親鸞思想のうち、信心のみを重視します。「念仏を称えれば極楽往生できる」と信じて念仏すれば往生が確定するのだから、その後の念仏は報恩感謝の念仏であるとするのです。つまり、信心を持って一回でも念仏すれば誰でも往生できるわけで、以後の念仏は往生のための必要条件ではなくなったのです。こうした単純化によって、難しい理屈も、厳しい修行もいらなくなり、布教し易くなったといえます。

また、寄合《よりあい》とか講《こう》と言われる組織を編成していきました。「御文」の文字を読める人々を中心にして寄合がもたれ、疑問点が話し合われ、信仰集団が形成されていったのです。

さらに、「南無阿弥陀仏」と墨書された六字の名号《みょうごう》を本尊として下付《かふ》するなども行いました。

浄土真宗（正確には時宗もですが）は、一向《いっこう》に（専《もっぱ》らという意味）念仏を称えることから、一向宗《いっこうしゅう》とも呼ばれたので、その信者の連帯組織による武装蜂起は、一向一揆と呼ばれました。この一向一揆は、勢力を拡大し、長享《ちょうきょう》二（一四八八）年から天正八（一五八〇）年まで加賀（石川県）一国を支配するまでにいたったのです。

信長と遁世僧時代の終わり

しかし、大坂石山《いしやま》本願寺（法主第十一代顕如《けんにょ》）と織田信長とが、元亀《げんき》元（一五七〇）年以後は直接に対決し、結局、天正《てんしょう》八（一五八〇）年に両者が和議を結んだ結果、一向一揆は事実上、軍事的勢力を失っていきました。本願寺は、以後、天正一三年には大坂天満《てんま》へ、天正一九年には京都七条堀川の地（西本願寺）に移りました。慶長《けいちょう》七（一六〇二）年には、徳川家康が顕如の長男教如《きょうにょ》に烏丸《からすま》六条の地（東本願寺）を与えたため、ここに、本願寺は東西に分裂するにいたったのです。

天下統一をめざす織田信長によって一向一揆は打倒されました。信長の軍事的制圧対象は一向一揆のみではありませんでした。織田信長は、元亀《げんき》二（一五七一）年九月には、ともすれば反信長勢力であった比叡山延暦寺を焼き討ちし、三千人以上の僧俗男女を殺しました。ここに、源頼朝、足利尊氏をはじめとする武士たちが手を焼くほどの、繁栄を謳歌してきた延暦寺は大打撃を受けました。それは、まさに中世の官僧・遁世僧体制時代の終わりを象徴する事件であったのです。

秀吉の仏教再編――千僧供養

豊臣秀吉は、天正一〇（一五八二）年の本能寺《ほんのうじ》の変による織田信長の横死《おうし》以後、ライバルを打倒して織田政権内の覇権を確立していきました。秀吉は自己の権勢を世に示すべく、東大寺の大仏にならって京都東山に大仏建立を志し、天正一四（一五八六）年に方広寺《ほうこうじ》で工事を開始しました。大仏殿の立柱式は、天正一九年五月には行われています。大仏は高さ六丈《じょう》（約一八メートル）の座像ですが、完成を急いだために、木像に漆膠《しっこう》を塗っただけのものでした。その大仏は慶長元（一五九六）年の地震により大破してしまいました。

豊臣秀吉は、文禄《ぶんろく》四（一五九五）年九月二五日に亡き祖父母の供養のために、大仏の経堂（妙法院《みょうほういん》）で千僧供養《せんそうくよう》を開催しました。真言宗、天台宗、律宗、五山禅宗、日蓮宗、浄土宗、遊行《ゆぎょう》（時宗）、一向宗（浄土真宗）より各百人を招いた大法要です。千僧供養は、天変地異の際などに、千人の僧侶に経典を読んでもらう法事ですが、その際、食事を供するために、大変な経費がかかるので、時の権力者しかできません。ただし、千僧といっても、実際、呼ばれたのは八百人の場合もあり、かならずしも千人の僧をさしてはいないようで、数多くの人数という意味です。同年一一月以後は、隔月で二五日（祖父の月命日）、二九日（祖母の月命日）に開催されるようになります。千僧供養は、変化しつつも慶長二〇（一六一五）年三月二九日までは開催が確認されます。つまり豊臣家が滅ぼされるまで継続されたのです。

この千僧供養には、大変に重要な意義がありました。豊臣秀吉は、その法要に当時の京都で勢力のあった仏教諸宗派を参加させ、天下の支配者である秀吉のもとに仏教諸宗派も屈伏させる意図をもっていたからです。とくに注目されるのは、招かれた八宗が、古代以来の南都六宗《なんとろくしゅう》（三論宗《さんろんしゅう》・成実宗《じょうじつしゅう》・法相宗《ほっそうしゅう》・倶舎宗《くしゃしゅう》・華厳宗《けごんしゅう》・律宗《りつしゅう》）と真言宗・天台宗の八宗ではなく、真言・天台を除けば、いずれも遁世僧《とんせいそう》たちの宗派であったことです。

豊臣秀吉は、一方で遁世僧を組み込んだ新たな八宗を公認し、他方で、それらを己の支配下に置こうとしたのです。それに対し、日蓮宗のなかでも、日奥《にちおう》（一五六五―一六三〇）は、信者でない者からは布施を受けないとする不受布施《ふじゅふせ》の立場から参加を拒否しました。

大仏千僧供養は、秀吉の仏教界に対する踏み絵を意味していたのです。それにより、織田信長ほかの戦国大名らが行ってきた、法華一揆、一向一揆の討伐、延暦寺の焼き討ちと続いた、仏教諸勢力を俗人の権力に屈伏させる動きが一応完成したといえます。秀吉によって聖・俗両界の統一がひとまず完成したのです。

キリスト教伝来

天文《てんぶん》一八（一五四九）年七月二二日、イエズス会の宣教師フランシスコ・ザビエル（一五〇六―五二）が鹿児島に到着しました。ザビエルによって伝えられたキリスト教により、日本仏教は、異なる宗教思想と対峙することになりました。

キリスト教は、仏教勢力を押さえつつ貿易の利を求める織田信長や戦国大名の保護を得て、次第に根付いていきました。もっとも、伝来当初のキリスト教は「天竺宗《てんじくしゅう》」（天竺の教え）、「大日の教え」と呼ばれ、仏教の一派として理解されたのです。宣教師は仏陀生誕の地、天竺（インド）から来た天竺人《てんじくじん》として迎えられ、また彼らの説くキリスト教理には仏教用語が多用されていたためです。

宣教師たちと日本人、とくに僧侶との間で議論が起こりました。その議論を通じて、キリスト教と仏教との相違をうかがうことができます。とくに、造物主として絶対的な存在である神の存在が問題となりました。仏教では「空」の思想のように絶対的な存在を否定するからです。「全智全能の神がなぜ悪の存在を許したのか」といった疑問は、キリスト教と仏教の相違を端的に示しているといえます。また、宣教師たちは、男色《なんしょく》などの不道徳な行為を行う僧侶や戦国大名を非難したのですが、そうした不道徳な行為の背景に善悪を無化する仏教思想があると考えていたようです。

結局、豊臣秀吉は、天正《てんしょう》一五（一五八七）年六月に「伴天連《バテレン》追放令」を出し、二〇日以内に国外退去などを命じました。バテレンとはキリシタン宣教師のうちの司祭の職にあるものを意味しています。

それは、九州統一に赴いた秀吉が、長崎が実質上、キリスト教会の領地となっていることを知り、キリスト教による日本の植民地化を恐れたからです。江戸幕府も、キリシタン禁教政策を受け継ぎ、慶長《けいちょう》一七（一六一二）年には教会の破壊と布教の禁止などを命じる禁教令を出しました。

第五　江戸時代の仏教は堕落していたのか

仏教教学が深化した時代

日本近世（江戸時代）の仏教というと、かつては仏教の堕落した姿と考えられて評価が極めて低かったものです。すなわち、江戸幕府によって形成された寺請《てらうけ》制度・宗門改《しゅうもんあらため》制度と檀家《だんか》制度などに守られ、仏教者はそれにあぐらをかいて女犯《にょぼん》などの破戒をするなど堕落し、仏教は形式化し、檀家の葬送を事として、檀家たちの救済願望には応えなかったと考えられてきました。それゆえ、明治の廃仏毀釈《はいぶつきしゃく》、神仏分離《しんぶつぶんり》が行われたとされてきたのです。また、いわば、現在のような葬式仏教が確立した時代と考えられてきました。

こうした近世仏教堕落史観《きんせいぶっきょうだらくしかん》は、辻善之助《つじぜんのすけ》（一八七七―一九五五）以来といえます。辻は、一〇冊にも及ぶ大著『日本仏教史』の近世編三及び四において、「仏教の形式化」（近世編三）、「仏教の衰微と堕落」（近世編四）といった節を立てて近世仏教に否定的な評価を下しました。それ以来、近世仏教堕落史観は長らく通説的な立場を占めてきたのです。

しかし、近年は近世仏教史研究の様相も大いに様変わりしてきました。すなわち、近世において仏教が日本人に定着し、国民宗教となったと考えられています。とりわけ、隠元《いんげん》隆琦《りゅうき》の来日による黄檗禅《おうばくぜん》の渡来にともなう、隠元の弟子の鉄眼道光《てつげんどうこう》による黄檗版「大蔵《だいぞう》経《きょう》」（「大蔵経」は仏教経典の集成）の出版や、檀林《だんりん》など教団の研究・教育機関での教学面の進展などにも大いに注意が払われるようになってきました。その結果、仏教教学の深化の時代として肯定的な評価もなされるようになってきています。

たとえば、この五〇年にわたる近世仏教史研究の成果をまとめた末木文美士《すえきふみひこ》ほか編『新アジア仏教史13　日本Ⅲ　民衆仏教の定着』（佼成出版社、二〇一〇）において、「学界には近世仏教＝堕落論を支持する研究者は誰一人としていない」（一頁）とし、堕落とは異なる、仏教の生き生きと機能した側面が明らかにされるようになってきました。


筆者は、近世の仏教が一概に堕落していたとする説は全く支持できませんが、あとで詳しく述べるように、江戸幕府によって、本寺《ほんじ》・末寺《まつじ》制度（本末制度）が固定化され、宗門改・檀家制度のもと、宗祖無謬《しゅうそむびゅう》論体制になっていった近世仏教には堕落していた面もあったと考えています。

現在でもそうですが、規制が多く、競争がない状況では、体制に安住しやすく、改革意識が低下しがちになります。仏教者の中には、一面において女犯・男色《なんしょく》といった破戒をなす堕落した人がいたことは確かで、それゆえに、心ある仏教者によって改革運動が起こったのです。いわば、近世は堕落と改革がせめぎ合いつつ、仏教が国民宗教といえるほど日本に根付き、外来宗教であった仏教自体が日本化していった時代といえるのです。

江戸幕府下においては、僧侶集団を体制に組み込み、僧侶身分を認めたために、僧侶と俗人を区別する不淫戒などの戒律護持は非常に重要視され、違反すると獄門《ごくもん》・遠島《おんとう》といった厳しい罰に処されました。体制からの締めつけもあって、仏教界においても、戒律護持は重視せざるを得ませんでした。

しかし、しばしば僧の女犯などの破戒が問題となっていました。たとえば、寛政《かんせい》八（一七九六）年の遊郭一斉検挙事件が挙げられます。山田桂翁《やまだけいおう》『宝暦現来集《ほうれきげんらいしゅう》』巻四によれば、幕府は吉原などの遊郭を一斉捜索し、宿泊して朝帰りをした僧侶を多数逮捕したのです。なんと浄土宗、日蓮宗、天台宗、真言宗、臨済宗、曹洞宗などほぼすべての宗派の僧六七人が逮捕され、八月一六日から三日間日本橋に晒《さら》されました。江戸幕府にとりわけ保護されていた浄土宗僧が二六人で最も多く、ついで日蓮宗が一五人でした。泊まった僧が一人二人ではなくほぼ全宗派にわたり、六七人もいたのには驚かされます。泊まらずに帰った者は許されたのですから、遊郭に出入りしていた僧侶は相当数いたと考えられます。この例だけからも、僧侶たちの規律が大いに乱れていたことがうかがえます。

そこで、まず戒律復興運動についてみておきましょう。

明忍らによる戒律復興運動

最澄のところで述べましたが、僧侶が依拠した戒律には『四分律《しぶんりつ》』に基づくものと『梵《ぼん》網経《もうきょう》』に依拠するものがあり、天台宗では『梵網経』に説く十重四十八軽戒《じゅうじゅうしじゅうはちきょうかい》を大乗《だいじょう》戒《かい》として重視する一方で、『四分律』の戒律を小乗戒《しょうじょうかい》として否定し、その護持も不要としました。他方、他宗では『四分律』を重視しました。そのため、近世の戒律復興運動においても、『四分律』によるものと『梵網経』に依拠する二つの流れがあったことは押さえておかなければなりません。

戦国時代から江戸時代初期における戒律復興といえば、明忍《みょうにん》（一五七六―一六一〇）がまず挙げられます。明忍は、中原康雄《なかはらやすお》の次男として生まれ、字を俊正《しゅんしょう》といいます。中原《なかはら》氏《うじ》は、平安時代から続く大博士《おおはかせ》の家柄ですが、明忍の中原氏は昇殿を許されない下級実務官僚の家柄でした。若い時から出家の志があったのですが叶わず、ようやく慶長《けいちょう》四（一五九九）年、二四歳の時に京都高雄山《たかおさん》で出家しました。翌年、四度加行《しどけぎょう》を終えています。四度加行というのは、密教僧が伝法灌頂《でんぼうかんじょう》を受ける前に、一定期間行わねばならないとされる四種の修法《しゅほう》のことです。

しかし、明忍は持戒について悩んだようです。そのため、奈良の春日社《かすがしゃ》に参詣したところ、そこで恵雲《えうん》に会って意気投合して、戒律の本拠であった西大寺《さいだいじ》を訪ねました。そこで、西大寺の友尊《ゆうそん》から、叡尊《えいぞん》らが戒律「復興」のために、自誓受戒《じせいじゅかい》（仏・菩薩から直接戒律を授けられること）を行ったことを聞いて知り、その方式で、慶長七年に晋海《しんかい》、玉圓《ぎょくえん》を加えて五人で栂尾高山寺《とがのおこうざんじ》において自誓受戒し、『四分律』に依拠した戒律「復興」運動を開始したのです。このように明忍・恵雲・友尊らの活動は鎌倉期の覚盛《かくじょう》・叡尊ら四人による自誓受戒をモデルとした活動でした。

明忍らは、槇尾《まきのお》に平等心王院《びょうどうしんおういん》（西明寺《さいみょうじ》）を興し、戒律「復興」の拠点としました。さらに、明忍は、慶長一一年には中国に渡って別受《べつじゅ》を相承しようとし、まず平戸《ひらど》へ、次に対馬《つしま》へ行きましたが果たせず、病に倒れ、慶長一五年に対馬で客死しました。別受というのは、先述の自誓受戒と異なり、一〇人（一一人の場合もある）の戒師の前で戒律護持を誓う儀式のことです。

その後、恵雲は西明寺を中心に活動し、弟子の慈忍《じにん》は野中寺《やちゅうじ》（大阪府羽曳野市《はびきの》）を興し、明忍の弟子賢俊《けんしゅん》は神鳳寺《じんぽうじ》（大阪府堺市《さかい》に所在した。廃寺）を中興しました。以後、西明寺・神鳳寺・野中寺は「律の三僧坊」と呼ばれ、西大寺系の律を学ぶ者の中心となりました。こうして西大寺系の律は再び大いに振るうことになりました。

明忍らの南都系の戒律復興運動に刺激を受けて、延暦寺系でも妙立慈山《みょうりゅうじざん》（一六三七―九〇）を嚆矢として、延暦寺飯室谷安楽院《いむろだにあんらくいん》を中心に、大乗戒のみならず小乗戒も兼受すべきとする安楽律《あんらくりつ》の運動などが起こっています。

先述のように、延暦寺戒壇では、最澄によって大乗戒すなわち『梵網経』の十重四《じゅうじゅうし》十八軽戒《じゅうはちきょうかい》のみを受戒すれば、一人前の僧侶となれることになっていましたが、慈山は小乗戒も兼受すべきと主張したのです。当時の延暦寺は、最澄の教えをも否定するような動きが認められるような清新な活気に満ちていたのです。また、霊潭《れいたん》（一六七六―一七三四）を祖とし、念仏と戒の一致を説く浄土律《じょうどりつ》（興律派《こうりつ》）など、浄土宗の方でも戒律復興運動が起こりました。

慈雲飲光――釈迦への回帰

近世の戒律復興運動において、いま一つ注目すべきことに、慈雲飲光《じうんおんこう》（一七一八―一八〇四）の正法律《しょうぼうりつ》の称揚があります。慈雲の活動は、明治の仏教界にも大きな影響を与えました。

慈雲は、享保《きょうほう》三（一七一八）年七月に大坂で生まれました。九歳で文字を学び、一二歳で儒者から朱子学《しゅしがく》の講釈を聞いたといいます。享保一五年、一三歳で父を失い、父の遺言や母の命に従って同年一一月摂津住吉《せっつすみよし》の法楽寺《ほうらくじ》に入り、忍綱貞紀《にんこうていき》のもとで出家しました。一五歳で忍綱について受経学習し、四度加行《しどけぎょう》を修し、十八道《じゅうはちどう》を修めました。とりわけ忍綱に梵字悉曇（サンスクリット学）を教わったことは注目されます。

元文元《げんぶん》（一七三六）年には、大和に遊学し、その冬、河内野中寺《かわちやちゅうじ》に止《とど》まり、秀岩《しゅうがん》より沙弥戒《しゃみかい》を授けられ、二年後の元文三年に、野中寺において通受受戒《つうじゅじゅかい》しました。すなわち、慈雲も、先述の「律の三僧坊」に繋がる僧といえます。翌年正月、師の忍綱に譲られて法楽寺の主となりましたが、信州に遊学して参禅などもしています。

慈雲が戒律「復興」運動を始めたのは、河内長栄寺《ちょうえいじ》（東大阪市）に入ってからのことです。延享《えんきょう》三（一七四六）年七月一五日、長栄寺戒壇ではじめて具足戒《ぐそくかい》を別受《べつじゅ》方式で授けました。寛延《かんえん》二（一七四九）年七月、『根本僧制《こんぽんそうせい》』を定め、同志に示してはじめて正法《しょうぼう》律《りつ》と号し、戒の結解《けちげ》・戒の受捨《じゅしゃ》など諸般を規定しました。正法律とは、釈迦の生きていた時代の仏法すなわち正法の時代に行われた戒律のことです。

京洛の貴賤道俗は、その徳望を慕い、明和《めいわ》八（一七七一）年西京阿弥陀寺《あみだじ》を購入して、慈雲を招きました。彼は請《しょう》に応じて居を同寺に移し、安永《あんえい》二（一七七三）年には桃園天皇の女御である恭禮門院《きょうらいもんいん》と桃園天皇の母である開明門院《かいめいもんいん》に、同三年には後桃園《ごももぞの》天皇に十善《じゅうぜん》戒相《かいそう》を授けました。『十善法語《じゅうぜんほうご》』を著し、哲道《てつどう》・慧琳《えりん》・浩月《こうげつ》・操山《そうざん》等、諸尼を得度させました。天明《てんめい》四（一七八四）年には長福寺《ちょうふくじ》、同七年に水薬師寺《みずやくしじ》などの尼僧坊を建立し、阿弥陀寺を正法律弘通《しょうぼうりつぐつう》の中心道場として、出家在家の四衆《ししゅ》の教化に努めたのです。

これより先の安永二年には河内観心寺槇本院《かんしんじまきもといん》より高貴寺《こうきじ》（大阪府河南町《かなん》）が慈雲に付嘱《ふしょく》

されたので、翌三年、拠点であった長栄寺を弟子護明《ごみょう》に譲って移住しました。天明《てんめい》六（一七八六）年五月に幕府に高貴寺僧坊を認可され、正法律の本山としました。寛政《かんせい》四（一七九二）年には同寺を結界《けっかい》（寺域を確定し、聖化すること）しています。京都・大坂をめぐって法を説き、高貴寺・長栄寺等で安居《あんご》（陰暦四月一六日から七月一五日までの三ヶ月間一箇所にこもって修行すること）、講筵《こうえん》、授戒などを行いました。大和郡山《やまとこおりやま》城主柳澤保光《やなぎさわやすみつ》も深く慈雲に帰依しています。そのほか多くの帰依者を得、文化《ぶんか》元（一八〇四）年一二月二二日、阿弥陀寺で寂《じゃく》しました。八七歳でした。

慈雲は、釈迦の正法の時代に帰ろうとし、経典に説かれた戒律を厳格に守るべきと考えました。僧侶には別受を行う一方で、他方、戒律と道徳の一致を説いて、俗人には十善《じゅうぜん》戒《かい》（不殺生・不邪淫・不偸盗《ふちゅうとう》・不妄語《ふもうご》・不綺語《ふきご》・不悪口《ふあっく》・不両舌・不貪欲《ふとんよく》・不瞋恚《ふしんい》・不邪見）を授けました。十善戒では飲酒を禁じておらず、また、不邪淫戒は邪《よこしま》な淫行のみを禁じたものなので、現実的で受け入れやすい内容でした。また、慈雲は釈迦の直説《じきせつ》すなわち正法を、漢訳仏典からではなく、サンスクリット原典から知ろうとし、悉曇《しったん》（サンスクリットの文字と文法）を研究し、『梵学津梁《ぼんがくしんりょう》』一千巻を著しました。慈雲の正法律は、真言律の枠にとどまるものではなく、通仏教的な性格を有し、十善戒は、現世に生きる人々に倫理規範を与えたために、明治の諸宗派の戒律復興運動に大きな影響を与えました。

江戸幕府の保護政策により、一面で破戒が広まる一方で、慈雲らの持戒の潮流が起こり広まっていったのです。

葬式仏教体制の確立

近世仏教の最大の特徴は葬式仏教体制の確立にあります。

先述のように、僧侶が組織的に葬式に従事することは、仏教伝来当初からのことではありません。中世において、遁世僧《とんせいそう》教団による組織的な葬式従事が始められるまでは、僧侶は葬式従事を避け、死体は遺棄されるか、墓場に運ばれても風葬に処されることが一般的であったのです。繰り返しになりますが、古代における基本的な僧侶集団は官僧であり、死穢忌避の制約から、原則的に葬式従事は憚られたからです。そのため中世の私僧、遁世僧によって、葬式従事が一般化していったのです。それを踏まえて、近世においては僧侶が葬式を行うことが体制化していきました。

本寺・末寺制度の確立

近世の葬式仏教は、(1)本寺《ほんじ》・末寺《まつじ》制度の確立、(2)宗門改《しゅうもんあらため》・寺請《てらうけ》制度の成立、(3)檀家制度の確立という過程を経て、成立したと考えられています。今後の話でも、近世の宗教制度についての言及が多くなりますので、この三つの制度について触れておきましょう。まず、本寺・末寺制度からです。

本寺・末寺関係といっても、そのあり方は多様です。中世の官僧寺院間では、本寺が末寺の人事権を握るような場合もありましたが、本末関係における末寺の主な役割は、本寺の法会に参加する僧を末寺から出すことであったと考えられます。また、遁世僧《とんせいそう》寺院が官僧寺院内などに成立すると、官僧寺院の修造（当時、勧進ともいう）、寺内の清め、葬儀など官僧が憚ることを担当することが末寺の僧の義務となっていきました。先述した西大寺叡尊らは、西大寺内の宝塔院《ほうとういん》を拠点とし、西大寺の修造、寺内の清め、葬儀などを担当し、西大寺内に独自の大きな勢力を築いていったのです。さらに、中世において本末関係にあった延暦寺と本願寺のように、本願寺が延暦寺に末寺銭を納める場合もありました。

先に触れた叡尊教団は一三世紀半ばから一五世紀半ばまでは大いに勢力を伸ばし、全国に一五〇〇箇寺もの末寺を有していました。そして、明徳《めいとく》二（一三九一）年には本寺である西大寺は、末寺を管理するために「西大寺末寺帳《まつじちょう》」を制作しました。それには、当時、西大寺から住職が任命された直轄寺院である西国（三河国より東の国は鎌倉極楽寺が管理）を中心とする直末寺《じきまつじ》の僧寺が記載されています。西大寺は、そうした末寺帳を永享《えいきょう》八（一四三六）年にも作成しています。

本寺が末寺を従える体制は、このように中世に現れましたが、中世においては檀家と菩提寺との関係が幕府権力によって固定されていなかった点に注意しなければなりません。たとえば、叡尊教団は一五世紀半ば以降には、しだいに親鸞、日蓮、一遍、道元らを祖師とする教団によって、信者と末寺を奪われていったのです。いわば中世は鎌倉仏教の間ではげしい檀家（信者）や末寺の争奪戦がなされた時代でした。

ところが近世になると、江戸幕府は、そうした檀家と菩提寺との関係を固定化する政策を行い、「寺院法度《じいんはっと》」などによって本寺・末寺関係を固定化していきました。この点こそ、江戸時代の本寺・末寺関係と中世のそれとの大きな違いといえます。こうした幕府の規制によって、仏教各宗派の競争意欲が失われていった側面は否定できません。

島原の乱とキリシタン禁制

江戸幕府が、仏教を国教化する最大の契機となったのが、寛永《かんえい》一四（一六三七）年一〇月に起こった島原《しまばら》の乱《らん》でした。島原の乱によって、キリシタンを恐れた幕府は、キリスト教を禁止する一方で、仏教の国教化へ舵をきったのです。そこで、まず、キリシタン禁制の歴史を少しみておきましょう。

天文《てんぶん》一八（一五四九）年、フランシスコ・ザビエルが来日し、日本にキリスト教が伝わりました。以来、キリスト教は信者を増やしていき、高山右近《たかやまうこん》、大村純忠《おおむらすみただ》、有馬晴信《ありまはるのぶ》、小西《こにし》行長《ゆきなが》らのキリシタン大名まで出現するほどでした。その背景には、南蛮貿易の利を獲得したい大名と、領国内での布教の自由と信者獲得をめざす宣教師たちとの利害の一致があったといえます。

しかし、九州支配に成功した豊臣秀吉は、キリシタン大名領の大村領や有馬領で寺院や神社の破却が行われていることや、長崎が教会領化していることなどを知って、天正《てんしょう》一五（一五八七）年六月一九日に博多で伴天連追放令《バテレンついほうれい》を出しました。すなわち、日本を神国と位置づけ、日本におけるキリスト教の布教を禁止し、宣教師の二〇日以内の国外退去を命じ、領民を集団で信者にする事や寺社の打ち壊しを禁じたのです。しかしこれは、南蛮貿易を妨げるものではなく、キリスト教の布教に関与しない外国人の渡来は認めるものでした。ようするに、南蛮貿易は勧めたので、キリスト教禁止は不徹底であったのです。

なお、前日の天正一五年六月一八日付の覚書に、日本人を南蛮人に売り渡すことを禁じる条文があることから、伴天連追放令には日本人が奴隷として売買されていたことを禁じるねらいもあったとする説もあります。南蛮貿易によって、日本人が奴隷としてヨーロッパに売られていたとすれば、南蛮貿易のおぞましい闇の部分が見えてきます。

江戸時代に入ってまもなく、幕府はキリスト教の全面的な禁止を開始しました。慶長《けいちょう》一七（一六一二）年三月には江戸・駿府《すんぷ》といった直轄地に対して、キリスト教布教の禁止と教会の破壊を命じる禁教令を発布しました。翌一八年一二月（西暦では一六一四年一月）には直轄地のみならず、各藩領に対しても禁教令を出しました。

島原の乱は、天草四郎時貞《あまくさしろうときさだ》を中心とする島原・天草のキリシタン一揆と百姓一揆が結びついて起こった江戸幕府への反乱と考えられています。三万七千ともいわれる一揆軍が原城《はらじょう》に立てこもり、一時優勢となり、板倉重昌《いたくらしげまさ》率いる討伐軍を破ったほどです。幕府の命を受けて、新たに着任した松平信綱《まつだいらのぶつな》率いる一二万を超える幕府軍によって、ようやく制圧されました。乱は寛永《かんえい》一四（一六三七）年一〇月二五日に勃発し、翌一五年二月二八日に終結しました。ほぼ四ヶ月も鎮圧にかかったことになります。

島原とその対岸の天草は、もとはいずれも、キリシタン大名であった有馬晴信、小西行長の領地であり、キリシタン信仰が根付き、キリシタン禁制に反対するキリシタンが数多くいました。有馬氏、小西氏の後に入部した松倉氏、寺沢氏が厳しい年貢取り立てを行ったこともあって、それに抗議する百姓一揆とキリシタンとが結びついて反乱となったのです。松倉氏らは年貢の取り立ての厳しさといった苛政《かせい》を否定したこともあって、幕府によって島原の乱はキリシタン一揆と位置づけられました。この島原の乱は幕末を除けば、江戸幕府に対する最大規模の反乱であり、幕府を大いに震撼させました。

キリシタン禁制の徹底がはかられることになり、後述する宗門改制度と寺請制度が全国レベルで確立するにいたったのです。ここに、建前上、日本人は全員がどこかの寺の檀家として登録される仏教徒となったのです。島原の乱は仏教が国民宗教となる決定的な契機であったといえます。

寺請制度と宗門改制度

江戸幕府は、寺院に対してキリシタンでないことを請け負わせる寺請制度を創設します。慶長一八年の全国的な禁教令によって、京都所司代板倉勝重《きょうとしょしだいいたくらかつしげ》が京都の宣教師・信者たちにキリスト教から仏教への改宗を強制し、その証明として寺側に寺請証文《てらうけしょうもん》を提出させたのが、その始まりでした。この時期の寺請制度は幕府の直轄地である天領《てんりょう》内にとどまっていましたが、寛永《かんえい》一二（一六三五）年九月から、日本全国に施行されていきました。

寛永一七年に、江戸幕府は大目付井上政重《いのうえまさしげ》を宗門改役《しゅうもんあらためやく》に任じました。寛文《かんぶん》四（一六六四）年一一月には、一万石以上の大名は領知内に宗門改役の設置とそれによる宗門改が義務付けられ、それ以下の領主に対しても宗門改役設置が指示されました。こうした宗門改の結果を示すものが宗門改帳ですが、寛文一一年一〇月に幕府が出した「宗門改之儀ニ付御代官江達」を契機として、戸籍機能を持っていた五人組帳・人別帳と合体した宗門人別帳が作成されるようになったのです。

以上のような経過をたどって、キリシタン禁止令に端を発した宗門改制度と寺請制度が確立していきました。しかしながら、江戸時代の仏教は、極めて多様で、一筋縄ではいきません。そこで、ここからは、個別的な事例に注目しながら、近世仏教のありように肉薄してみましょう。

米沢の殉教者たち

慶長《けいちょう》一八年に全国的な禁教令が発布されて以後も、禁教令の徹底は容易ではなかったようです。そのため幕府は度々の弾圧を行い、数多くの殉教者が出ることになりました。そうしたキリシタンの殉教といえば、京都や長崎など西日本の殉教者がよく知られていますす。しかし、東北地方、とりわけ山形県米沢市での弾圧は、京都のそれが五二人に対して五三人と、数の上では最も多い殉教者を出したのです。

寛永《かんえい》五（一六二八）年一二月一八日に北山原《ほくさんばら》処刑場（米沢市）でキリスト教信仰を捨て

なかったために、ルイス（ルドビコ）甘糟右衛門信綱《あまかすうえもんのぶつな》以下五三人が処刑されました。このことは、近世仏教のありようを考えるうえでも参考になるので、次にみておきます。

キリシタン信仰が東北地方へ広がったのは、慶長一一年にフランシスコ会のソテロ神父が江戸を訪問し、当時、江戸にいた伊達政宗《だてまさむね》の全面的な信頼を得たことに始まります。ソテロは、帰国する伊達政宗に招かれて、宇都宮、白河、会津若松、米沢、仙台の各地で布教したといいます。また、慶長一八年の禁教令により、翌年四月に、京坂で棄教に応じなかったキリシタンを奥州津軽《つがる》に追放する事件が起こりました。これを契機に続々と東北地域に棄教を拒否したキリシタンが集まってきたのです。

東北のキリシタン信仰は、東北へ流れ込む信者たちと、潜伏していた宣教師たちの活動とがあいまって、全国的には衰退期といわれる元和《げんな》年間（一六一五―二四）から寛永初期（一六二四―三四）にかけて全盛期を迎えることになります。

こうした東北地方におけるキリシタン信仰の展開において、注目しておきたいのは、東北で鉱山開発ラッシュがあった点です。たとえば、山形県の場合、延沢《のべさわ》銀山（尾花沢市大字銀山）という江戸時代に栄えた東北屈指の大銀山が存在しました。延沢銀山は康正《こうしょう》二（一四五六）年の銀鉱発見が始まりとされますが、慶長年間（一五九六―一六一五）には最《も》上《がみ》氏配下の延沢《のべさわ》氏の支配下にあり、寛永期（一六二四―四四）に最も栄えたといいます。

鉱山での採掘作業は危険な仕事で、多くの労働力が必要であり、その鉱夫によそから流れ込んできたキリシタンが数多くいたと考えられています。元和《げんな》九（一六二四）年アンゼリスという宣教師が書いた報告書によれば、アンゼリス、カルバリヨ、ガルベス、アダミという四人の宣教師が山形、置賜《おきたま》中心に活動し、とくに延沢銀山の布教に力を注いだとされます。また、寛永一五（一六三八）年の幕府の宗門改帳にも「延沢に切支丹多数有り」とあります。以上のような資料からも、江戸時代初期に東北地方でキリシタン信仰が盛んだったことがわかるでしょう。

ここで問題としている米沢におけるキリスト教の展開を考えるうえで、隣接する会津のキリシタン大名蒲生氏郷《がもううじさと》は注目されます。天正《てんしょう》一八（一五九〇）年に蒲生氏郷が会津に入部しました。氏郷のもとで会津ではキリシタンが増加し、当時、蒲生氏郷支配下であった米沢にもキリシタン信仰が流入したと考えられています。

米沢におけるキリシタンの代表的な人物は、先述した甘糟右衛門信綱です。甘糟は、慶長一六（一六一一）年ソテロ神父から洗礼を授けられ、後にその洗礼名ルイス右衛門《うえもん》で呼ばれるようになった人物です。ルイス右衛門は積極的に布教し、彼の熱心な説教は「殿談義《とのだんぎ》」と呼ばれ重宝され、信者の統括者となっていったようです。ルイス右衛門の布教活動によってキリシタンとなった者も多く、受洗者の中には四名の僧侶もいたといいます。当時、米沢には三〇〇〇人ものキリシタンがいたといわれています。

慶長三（一五九八）年には、蒲生氏に代わって上杉景勝《かげかつ》が会津・米沢に入部しましたが、慶長一八年の禁教令が出てもキリシタン禁止政策を行わなかったようです。慶長五年の関ヶ原合戦には上杉景勝は西軍に味方し、出羽長谷堂城《はせどうじょう》合戦などで最上義光《もがみよしあき》と戦いましたが、結局、西軍とともに敗北しました。その結果、一二〇万石の領地を失って、三〇万石の米沢のみが領地となったのです。それでも、上杉景勝の時代には、かつての五大老《ごたいろう》の自負もあってか、幕府のキリシタン調査に対しては、米沢領にはキリシタンは一人もいない、と答え、幕府もその旨を諒承したといいます。

ところが、元和九（一六二三）年三月二〇日に上杉景勝が死去し、息子の定勝《さだかつ》が跡をつぐと、幕府に対して恭順的となっていきました。

北山原殉教遺跡（写真提供：米沢市）

寛永五（一六二八）年、江戸にいた定勝はキリシタンを厳しく取り締まるように命令されます。そこで、奉行の志駄義秀《しだよしひで》に領内のキリシタンを改宗させるように命じました。ところが、志駄は、甘糟右衛門に対して信者に改宗を勧めるよう諭す一方で、定勝には米沢に信者は残っていないと答えたのです。甘糟らがいまだに改宗していないことを家老の広居忠佳《ひろいただよし》からの手紙で知った定勝はキリシタンの弾圧を決意し、その結果、志駄の翻意の努力も空しく、寛永五年一二月一八日にルイス右衛門らが処刑されたのです。

平成一九（二〇〇七）年にはルイス右衛門らは、日本全国の殉教者とともに（合計一八八名）カトリック教会から聖性を認められ、福者《ふくしゃ》（聖人の次）の列に加えられました。

以上のように、仏教が日本に定着するに際しては、数多くのキリシタンの血が流されたことを忘れてはならないのです。

紫衣事件と沢庵宗彭ら

江戸時代における天皇と日本仏教、とりわけ高僧たちとの関係を考えるうえで、紫衣《しえ》勅許《ちょっきょ》の問題は大いに興味ぶかい問題です。ここでは、まず紫衣事件に注目します。紫衣事件が江戸時代初期の公武関係を揺るがした大事件であるからです。

江戸幕府は、寛永三（一六二六）年に朝廷が幕府になんら事前の相談もなく、高僧に紫衣を勅許していることを知りました。そこで、幕府は翌年に、「紫衣勅許法度《しえちょっきょはっと》」（慶長一八〈一六一三〉年制定）と「禁中并公家諸法度《きんちゅうならびにくげしょはっと》」（元和元〈一六一五〉年制定）に違反していると朝廷をなじったところ、それに反発して大徳寺沢庵宗彭《たくあんそうほう》や玉室宗珀《ぎょくしつそうはく》らが京都所司代に大いに抗議を行ったのです。そのため、幕府は寛永六年に沢庵らを出羽上山《でわかみやま》（山形県上山市）ほかに配流し、元和元年以来の勅許状を無効として、紫衣を奪いました。そうした一連の事件を紫衣事件といいます。後水尾《ごみずのお》天皇は、そうした幕府の朝廷への介入に抗議して、寛永六（一六二九）年に興子内親王《おきこないしんのう》（後の明正《めいしょう》天皇）に譲位するにいたりました。

僧侶といえば「黒衣の宰相」といった言葉があるように、黒衣が普通はイメージされます。他方、ここで問題となっている紫衣とは、紫色の袈裟《けさ》と法衣《ほうえ》のことです。本来は僧侶の着る服のことを袈裟（サンスクリット語の音写語）といい、もともとは、汚れた色の布を指しました。捧げられた布をわざわざ裁断して継ぎ合わせ、色も汚い色にして着ていたのです。『四分律《しぶんりつ》』によれば、色も青あるいは黒、あるいは木蘭《もくらん》（茜色《あかね》）の三種の穢色《えじき》に染めることになっていました。わざわざ、そうするのも、世俗の虚飾や驕慢《きょうまん》（驕《おご》りや慢心）を離れるためと戒律では説明されています。このように、袈裟は僧侶の着る服を指しますが、日本では、とくに僧侶の着る服の中で一番上に着るものを袈裟といい、その下に着るのが法衣となりました。

ですから、僧侶の服装は糞掃衣《ふんぞうえ》と言われるほどに地味なもので、紫衣は認められていませんでした。しかし、中国や日本では、紫衣が朝廷から下賜されたことから、しだいに最も高貴な服装となったのです。『岩波仏教辞典』によれば、中国では唐の則天武后《そくてんぶこう》の時に法朗《ほうろう》らに紫衣が授けられたのが最初といいます。日本では、『続日本紀《しょくにほんぎ》』に玄昉《げんぼう》が入唐中《にっとう》に下賜《かし》され、帰国後、日本でも朝廷より下賜され着用したのが古い例です。古代中国で支配的であった儒教では、紫色よりも赤色の方が尊ばれていたのですが、道教では紫色が尊重されたので、それが流行したのではないかとも考えられています。

以上のように、紫衣勅許は沢庵宗彭ら高僧たちにとって、天皇からその高徳を認められたことを意味し、大変名誉なことと考えられたのです。他方、天皇にとっては勅許権を梃子《てこ》にした、独自な僧侶集団との関係形成が可能であり、また、勅許に際し、多額の謝礼が入るため、重要な収入源でした。しかし幕府は、天皇の権限を弱め、天皇権を掣肘《せいちゅう》するために、紫衣勅許を幕府との相談が必要な事柄にしたのです。

それにしても、沢庵らが、幕府の横やりに対して、配流されようとも抗議する気骨をもつ高僧であった点は大いに注目されます。出羽上山に配流された沢庵は、彼を尊敬する藩主土岐頼行《ときよりゆき》らによって大切に扱われ、上山に禅が普及する契機となりました。

道元の紫衣勅許をめぐって

ところで、天皇から紫衣を勅許されたという伝承をもつ僧に、鎌倉新仏教の祖師の一人である道元がいます。

江戸時代の『永平開山道元和尚行録《えいへいかいさんどうげんおしょうこうろく》』（延宝《えんぽう》元〈一六七三〉年）等によれば、道元の徳望は朝廷にも聞こえ、宝治《ほうじ》三（一二四九）年には後嵯峨院《ごさがいん》（当時の天皇は後深草《ごふかくさ》天皇）が勅使を永平寺に遣わして紫衣を賜ろうとしました。それに対し、道元は固辞したのですが、勅使の来訪が三度に及んだことから、礼を失しないために、紫衣を仕方なくいただいたというのです。その際には「永平谷浅しと雖《いえど》も、勅命重きこと重重、却《かえ》りて猿鶴に笑われん、紫衣一老翁」という偈《げ》をもって上謝したといいます。

その偈の意味は、「永平寺の私の徳は浅い谷のようだけれども、それに比して勅命は極めて重い。それゆえ、仕方なく紫衣を受けたけれども、かえって紫衣を着た老人をみた猿・鶴によって嘲笑されるであろう」くらいでしょうか。道元は、紫衣を拝受したが、一生高閣《こうかく》（高楼）に収めて用いることはなかったということです。

道元が紫衣を賜《たまわ》ったというこの話は、江戸時代以来、信じられてきました。道元はその父親が久我通親《こがみちちか》（近年の説では、通親の息子通具《みちとも》）と考えられているように、筆頭貴族の出身です。それゆえ、天皇とパイプがあったとしてもおかしくはありません。また、道元の最大の後援者であった波多野義重《はたのよししげ》は、北条氏の被官であり、波多野氏の招きもあって、道元は鎌倉へ下向《げこう》したと考えられています。この下向については否定説もありますが、ひとまず認められていています。その鎌倉下向で北条氏との繋がりができ、鎌倉幕府を通じて紫衣を道元へ授与すべく、朝廷に働きかけがあった可能性も考えられます。

それゆえ、道元が紫衣を賜った可能性が全くないとはいえませんが、近年は否定されています。というのも、この道元が紫衣を受けたという話は『建撕記《けんぜいき》』（一四七二年以前成立）といった信頼性の高いとされる伝記資料には見えず、『永平開山道元和尚行録』（一六七三年）などのように江戸時代に言い出されるようになったと考えられているからです。

そうした否定説は、極めて真っ当です。そもそも、道元は、一二巻本『正法眼蔵《しょうぼうげんぞう》』のように、出家主義を唱え、孤高の道をめざすようになっていきました。それゆえ、天皇から紫衣を勅許されることを望んだ可能性は低いからです。

とすれば、なぜそうした伝承が江戸時代に語られるようになったのかが問題となります。そのひとつには祖師信仰、すなわち道元がしだいに祖師として信仰されるようになっていったことがあります。しかし、私が問題としたいのは、そうした伝承が語られ始める時期です。伝承のソースとして古いものが紫衣事件（一六二九年）以後の制作である、延宝元

（一六七三）年に刊行された『永平開山道元和尚行録』なのです。

推測をたくましくすれば、紫衣事件によって、高僧であれば紫衣を勅許されておかしくないことが知られるようになったはずです。言い換えれば、紫衣事件によって、紫衣勅許が高僧のバロメーターとして以前よりも注目されるようになったのだと考えられます。

とすれば、道元の伝記作者たちにとっても、高僧である祖師道元と紫衣勅許の問題が顕在化したはずです。高徳の僧である道元は紫衣の勅許を受けてもおかしくないはずだ、という考えです。だからこそ、そうした伝承が付加されたのかも知れないのです。しかし、それは、紫衣などに拘泥するものではないという道元の教えに大いに反するものです。祖師の教えに反することが伝記として記されるようになったとすると、そこに近世仏教の堕落の一端が垣間見えるのではないでしょうか。

江戸時代の修験道

江戸時代の仏教史とそれ以前、以後との比較において決定的に異なる点は、仏教の国教化です。先に述べたように、島原の乱などによってキリシタンの恐ろしさが身にしみた幕府は、宗門改《しゅうもんあらため》制度・寺請《てらうけ》制度をより厳格に、かつ全国レベルで行うようになりました。それによって、日本国民は、どこかの寺院の檀家として登録されるようになり、お伊勢参りの旅などの際には、必ず檀家寺院からの寺請証文を携行することが義務付けられるようになったのです。日本人は建前上すべてが仏教徒となったのです。ここに日本仏教は国民仏教化したと考えられています。それにともない、江戸幕府により、種々の仏教教団が公認されたのですが、その一つに修験宗《しゅげんしゅう》がありました。

宗教に無関心な、あるいは宗教嫌いな現代人でも、富士山など秀麗な山を仰ぎ見ると荘厳な気持ちを持つようで、御来光を見るための登山は大変人気です。昔の人々も同じように思い、山々を聖なる存在として崇敬し、信仰の対象としてきました。修行者は修験とか山伏《やまぶし》と呼ばれ、山に入り、天上界に近い山の聖なる力を得ようと努め、その力によって病気治療などを行い、民衆を教化してきたのです。

こうした山岳への信仰を山岳信仰といい、山岳信仰と仏教とが習合したものが修験宗です。役行者《えんのぎょうじゃ》（役小角《えんのおづぬ》、六三四—七〇一）が、その開祖として知られています。仏教は「生きることと死ぬこと」に関する壮大な説明体系を有したのに対して、山林修行者たちはもともと山に入って呪術的な力を得ることが目的で、そうした説明体系は有していませんでした。そのため、修験者は山岳信仰の世界を仏教の体系を借りて説明しようとしたのです。山形県の出羽三山《でわさんざん》を例に挙げれば、羽黒山《はぐろさん》が現世（観世音菩薩＝観音浄土）、月山《がっさん》が前世（阿弥陀如来＝阿弥陀浄土）、湯殿山《ゆどのさん》が来世（大日如来＝寂光浄土）に配当して説明されています。

修験宗は、江戸時代には社会的に大きな影響力をもち、仏教の一形態として認知される重要な存在でした。出羽三山にも、毎年三万を超える人々が、修験者に連れられて全国から参詣しました。交通が発達していなかったことを思えば、多くの人が参詣したことに驚かされます。修験者は、地方の人々に江戸などの情報を伝え、お札のみならず薬などを与えたのです。

しかし、修験宗は、明治の廃仏毀釈《はいぶつきしゃく》によって、明治五（一八七二）年には非公認となり、一時期、修験はすたれてしまいました。が、現在は、日本各地の霊山で復活のきざしがあります。

修験というと、大峰《おおみね》・金峰山《きんぶせん》を主な修行場とする真言宗系の当山派《とうざんは》と、熊野三山を主な修行場とする天台宗系の本山派《ほんざんは》の二派が有名です。各々、醍醐寺《だいごじ》、園城寺聖護院門跡《おんじょうじしょうごいんもんぜき》が中心で、開祖は、いずれも役行者です。近年は修験者の修行の道に由来する熊野古道《くまのこどう》がユネスコの世界文化遺産に登録されたことで一躍注目を集めるにいたりました。しかしながら、そうした当山派・本山派を中心として捉える修験道観は正確ではなく、九州には英彦《ひこ》山《さん》を中心とした英彦山修験や東北地方には出羽三山を中心とした羽黒修験《はぐろしゅげん》などが独自な修験活動を行っていたのです。そこで、ここでは羽黒修験に注目して中世から近世への修験道の実態に迫りましょう。

日本中に知られた羽黒修験

羽黒修験は、羽黒山・月山・湯殿山のいわゆる出羽三山を主な修行場としてきた修験者で、崇峻《すしゅん》天皇の皇子であったとされる蜂子皇子《はちこおうじ》を開祖とします。蜂子皇子は、父崇峻天皇が蘇我馬子《そがのうまこ》に殺害された際に、難を逃れるべく丹後由良《たんごゆら》の浦《うら》から逃れ、出羽鶴岡の由良の浦に到達し、そこから三本足の烏に導かれて羽黒山にいたり、羽黒修験の開祖となったといいます。そうした話は「貴種流離譚《きしゅりゅうりたん》」の一種で信頼はできませんが、出羽三山神社にある掛軸などに、蜂子皇子は、口が耳まで届くような異様な姿で描かれていますが、そうした姿は蜂子皇子の異能性をシンボリックに表現したと考えられます。

羽黒山は、標高四一四メートルの低い山ですが、羽黒山寂光寺《じゃっこうじ》という古代以来の官寺の伝統を有する寺院が所在する霊山です。山上には妻帯しない清僧《せいそう》が住み、他方、麓の手《と》向《げ》地区には妻帯修験《さいたいしゅげん》と呼ばれる結婚した修験者たちが住んでいました。

ところで、従来の羽黒修験の研究では、寂光寺は修験の霊場で、羽黒修験は江戸時代になって顕著な活動を行ったと考えられてきました。こうしたイメージは、近世を中心とした民俗学的・地理学的成果によって形成されてきました。他方、歴史学的研究は、古代・中世における八宗兼学《はっしゅうけんがく》の地方有力学問寺院としての姿に光を当てています。ようするに、寂光寺は、一方では修験の寺として、他方においては僧位・僧官を有する官僧（官僚僧）の住む学問寺として、古代以来、中世においても栄えてきたのです。

たとえば、鎌倉幕府の正史である『吾妻鏡《あづまかがみ》』によれば、承元《じょうげん》三（一二〇九）年に羽黒山の僧侶たちが、大泉庄《おおいずみのしょう》地頭大泉氏平《おおいずみうじひら》に所領「千八百枚」を強奪され、羽黒山内の事に介入されたとして鎌倉幕府に訴え、幕府も羽黒山の言い分を認めたことはよく知られています。一枚を一町とすれば一八〇〇町（約一七・八五平方キロメートル）の所領を有する地方の巨大寺院であったことになります。また、『太平記《たいへいき》』に見られる「雲景未来記《うんけいみらいき》」の作者雲景は羽黒の山伏でした。このように、中世の羽黒山はその存在を日本中に知られていたのです。

羽黒山伏修行の一つに「冬《ふゆ》の峰《みね》」と呼ばれる一〇〇ヵ日行（現行九月二四日―一二月三一日まで）があります。その結願《けちがん》の夜の松例祭《しょうれいさい》に際して、山伏が唱える「国《くに》分《わ》け」神事の言葉には「東三十三カ国は羽黒山、西二十四カ国は熊野山、九カ国は英彦山《ひこさん》」とあります。

これは、西二十四カ国は紀州熊野三所権現《くまのさんしょごんげん》の、九州九カ国は彦山《ひこさん》権現の、東三十三カ国は羽黒山権現の霞場《かすみば》（檀那場《だんなば》）だと、修験者同士の縄張りを、天下に公表する極めて厳粛な場面の一つです。そうした縄張りの主張は、中世以来のものであったと考えられるのです。

以上のように、羽黒修験は東国を中心に大きな勢力を誇っていました。しかし、西国から本山派・当山派修験勢力が進出し、その勢力争いに敗れていったと見るべきかもしれません。

修験者と在地の人々との交流

鎌倉時代初期までの羽黒山は、地方有力官僧寺院、鎌倉幕府祈禱所として幕府の保護を受けていましたが、鎌倉末期から南北朝期には、動乱によって、地方武士による寺領の押領が続いたようです。そうした結果、羽黒山は修験者の霞場（霞《かすみ》ともいう）支配に一層力を入れ、地方の霞場の開拓に努めていったのではないかと考えられます。

仏教は、檀家制度などの江戸幕府による制度的な保障のみによって、民衆に根付いていったわけではありません。仏教者側による不断の布教活動が存在したのであり、それを無視することはできません。修験者たちの在地の人々との交流もその一例です。修験者といえば頭巾をかぶり結袈裟《ゆいげさ》を着て、時には法螺貝《ほらがい》を立《た》てながら山内をめぐって修行している姿が思い起こされますが、それが彼らの生活のすべてではありません。

羽黒修験者たちは、夏は羽黒山にやってきた霞場の信者たちを宿坊に宿泊させて、出羽三山と一括される羽黒山、月山、湯殿山を案内しました。冬には霞場を経回《へめぐ》って守札《もりふだ》配りと祈禱を行い、初穂料《はつほりょう》をもらっていました。出羽三山の冬期は寒さが厳しく、参詣者がいなくなるので、冬には修験者の方から信者の方へ出向いていったのです。いわば、修験者たちには夏・冬二度の大きな収入源があったといえます。江戸時代において、羽黒修験者たちは、中級程度の暮らしができたといいますが、それを支えていたのは、それら二度の収入だったのです。

そうした努力によって、修験宗は在地に根付いていったのですが、それは、大山講《おおやまこう》（神奈川県）、伊勢講《いせこう》などにもいえることです。

空海ゆかりの地をめぐる四国遍路

日本近世においては、四国、伊勢、出羽三山などの宗教的な聖地に、専門の宗教者である僧侶のみならず、数多くの一般の人々が参詣するようになりました。まさに、近世は巡礼の旅をする時代で、それは、日本仏教の民衆への広がりという近世仏教の特徴を端的に表しています。

現在の四国遍路《しこくへんろ》は、歩き続けることそのものは大変ですが、基本的には快適な旅といえます。宿泊設備、道路も整備され、次の札所への案内板もあるからです。さらに、詳しいガイド本やガイド地図までもあります。近世において、参詣の旅が盛んになった背景には、幕藩体制の確立による平和の世の到来、交通路・宿泊施設の整備、為替制度の発達で路銀《ろぎん》をもたずとも旅が出来るようになったことなど、旅を支える諸条件の整備がありました。ここでは現代でも人々を引きつけている四国遍路に注目してみましょう。

四国遍路とは四国にある弘法大師空海（七七四―八三五）ゆかりの八八箇所をめぐる巡礼の旅です。もっとも、四国遍路では巡礼といわず遍路というので、遍路と表現します。遍路する人は、正式には白衣《びゃくえ》姿に菅笠《すげがさ》を被り、手には金剛杖《こんごうづえ》を持って、のべ約一四〇〇キロメートルの道のりを六〇日くらいかけて遍路します。菅笠には、「同行二人《どうぎょうににん》」と書かれますが、それは、一人であっても遍路中は空海が一緒に回ってくれていることを表しています。

最近では、自家用車や観光バスでの遍路もさかんですが、歩き遍路にこだわる人も多く、しかも注目されるのは、それほど熱心な空海の信者ではない人々が遍路を通じて自分を見つめ直したいなどの理由で遍路を行っていることです。空海は、現在の善通寺《ぜんつうじ》（香川県善通寺市）の地で誕生し、四国で修行したとされます。なかでも、阿波《あわ》（徳島県）大滝岳、土佐（高知県）室戸岬《むろとのさき》での修行の話はよく知られています。すなわち、四国遍路は、この空海の四国での修行にちなむ追体験の旅ともいえるのです。

遍路者は第一番札所の霊山寺《りょうぜんじ》（徳島県鳴門市《なると》）から第八八番大窪寺《おおくぼじ》（香川県さぬき市）までの八八箇所の寺院の大師堂《だいしどう》に参詣し、参詣した証明に札を納めてくるのが原則です。奉納札は、現在は紙ですが、かつては板製で、それを大師堂の天井などに打ち付けてきました。それゆえ、札所を「めぐる」ことを「打つ」とも表現するのです。通常は時計まわりに遍路し、それを「順打ち《じゅんう》」というのに対して、逆まわりするのを「逆打ち《ぎゃくう》」といいます。

四国遍路はいつ成立したのか

さて、この八八の札所をめぐる遍路は、いつ頃成立したのでしょうか。なぜ八八なのかについても、八八煩悩説など諸説がありはっきりしません。また、一七世紀に刊行された真念の『四国偏禮道指南《しこくへんろみちしるべ》』は、八八札所の説明書ですが、空海ゆかりの寺院以外も入っています。さらに、その後に刊行された寂本《じゃくほん》の『四国偏禮霊場記《しこくへんろれいじょうき》』では札所は九三所（取星寺《しゅしょうじ》と星谷寺《しょうこくじ》を加えれば九五所）で、善通寺から始まり、順番を記していません。そこで、四国遍路八八札所の成立について考えてみましょう。

四国遍路の環境を画期的に改善した人物に、江戸時代初期の真念有弁《しんねんゆうべん》がいます。真念の墓が近年発見され、それによると元禄四（一六九一）年六月二三日に亡くなったと考えられています。真念は、大坂を拠点とする僧侶で、四国遍路を二十数回も行った人物でした。高野聖《こうやひじり》のような存在で、頭陀行《ずだぎょう》（乞食《こつじき》修行）に励む僧と考えられてきたのですが、近年に見つかった墓碑銘には、真念は「大法師位《だいほっしい》」という正式な僧位名が記されています。また、先に触れた四国遍路のガイド本を執筆するような知識人であり、大坂に小寺を構える僧侶であったのでしょう。

四国遍路を二十数回行った真念は、四国遍路の状況をよく理解していました。ことに、江戸時代初期においては、現在と大いに異なり、宿の確保は困難でした。そのため、真念は宿泊施設のないところに、雨露をしのぐ施設を設けてまわったのです。真念がいくつの宿泊施設を建てたのかははっきりしませんが、土佐の真念庵《しんねんあん》（高知県土佐清水市市野瀬《いちのせ》）は真念が建てた宿泊施設として確認されています。

また、当時の四国の道は獣道《けものみち》同然で、不慣れな人々は、すぐに道に迷うような状況でした。そこで真念は、浄財を集め、二百余所（二四基については確認されている）に標石《しるべいし》を立てたといいます。こうして四国遍路の環境整備が大いに進んだのです。

真念の四国遍路整備活動のうちで注目されるのは、『四国偏禮道指南《しこくへんろみちしるべ》』を著述したことです。それまでにも道中記は作成されていましたが、『四国偏禮道指南』は記述が正確であり、以後、ガイド本の基本となっていきました。

『四国偏禮道指南』には、現在の札所の順番と同じく、すなわち第一番霊山寺《りょうぜんじ》から順に第八八番大窪寺《おおくぼじ》まで、札所名、地勢、本堂の向き、所在地、本尊とその作者、詠歌が記されています。札所間の案内には村名を記し、詳しい道や土地の状況などはそこで尋ねるようになっています。『四国偏禮道指南』の大きさは、縦一五センチ、横一〇・五センチで、一四六丁（一丁は表裏二頁をいう）あります。一頁に六行、一行一五字程度で、ゆったりとして読みやすいのは、歩きながら見る場合を想定していたのでしょう。

この『四国偏禮道指南』は大ヒットしたようで、多くの人が手にもって、四国遍路を行うようになりました。おそらく、この本に刺激を受けたのでしょう、元禄二（一六八九）年には先述の寂本の『四国偏禮霊場記《しこくへんろれいじょうき》』が発刊されています。それには札所は九三所で、しかも善通寺から記し、順番を記していません。それゆえ、この頃はいまだ八八札所が確立していたわけではないことがわかります。実際、札所といっても、大師堂もない寺院も多くありました。そもそも天台宗や禅宗の寺院も入っており、大師堂を作る必然性がなかったのでしょう。

ところが、一八世紀後半に、八八札所の確立に決定的な役割を果たすものが作成されます。すなわち、四国遍路ガイド絵図といえる『四国偏禮絵図《しこくへんろえず》』です。この絵図の刊行によ

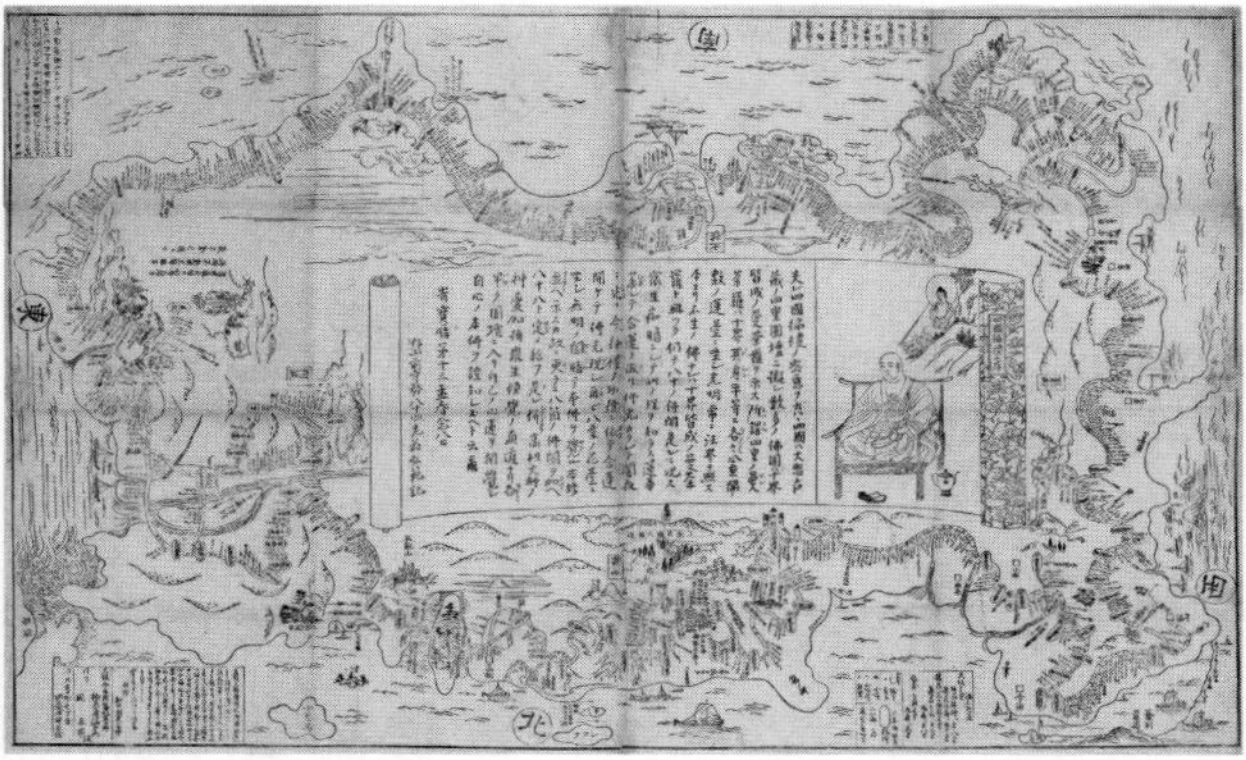

『四国偏禮絵図』（細田周英）愛媛県歴史文化博物館蔵

りガイド本とガイド絵図を持って四国遍路することが始まったといえます。絵図の最も古いものは宝暦《ほうれき》一三（一七六三）年正月二八日発行の『四国偏禮絵図』（写真）です。大きさは、縦五八・三センチ、横九三・〇センチあり、非常に大きいので、通常は折りたたんで携行しました。この型の絵図は八例ほど管見に及んでいます。

本図の左下隅に、「私（細田周英《ほそだしゅうえい》）は、延享《えんきょう》四（一七四七）年に、真念の『四国偏禮道指南』をガイドブックとして弘法大師の旧跡を巡拝した。西国三三所巡礼の絵図はあるのに、四国遍路の絵図がないのを残念に思ったので、まず略図を作り、それを覚峰闍梨《かくほうじゃり》の巡礼に際して、相談して改訂し、詳しい絵図を作成した」といった内容が記されています。私が調査した絵図のうち、本絵図が最も古いだけでなく、それを小振りにし、簡略化した形式が以後の絵図の標準となっていることからも、おそらく、その記述は信じてよいでしょう。

本絵図は、四国遍路の流行とともに大いに売れたようで、刷りを重ねました。そのために版が傷んだのか、文化《ぶんか》四（一八〇七）年五月には、大坂佐々井治郎右衛門によって、再版されています。

本絵図には、東・西・南・北が記され、部分図ではなく、全図であることが知られます。以後の絵図にも踏襲されている特徴としては、次の三つが挙げられます。

①方位、縮尺、地形にあまりこだわらず、とくに、南が上に描かれている。
②絵図中央、巻物を開いた枠取りの中に、釈迦像と椅子に座った弘法大師像を描き、その左側に四国遍路に関する高野山前寺務《じむ》弘範《こうはん》の密教的意味づけが書かれている。
③札所（楕円で囲む）はもちろんのこと、隣接する札所との位置関係・距離数、途中の城下（□で表現）、番所（・）、国境（▲）、山坂峠（∧）、村里名（○）、川などが書かれている。

とくに②は重要です。その内容は牽強《けんきょう》付会《ふかい》なこじつけであり、従来は研究者からは一顧だにされませんでした。しかし、四国遍路の主な札所は弘法大師ゆかりの場所で、いわば、弘法大師の修行地の跡を訪ねるのを第一とする以上、弘法大師の法を継ぐ高野山の最高責任者の「お墨付き」は重要であったと考えられます。換言すれば、四国八八札所が、これによって密教的な意義付けを与えられ、確立されたともいえるのではないでしょうか。

弘範については、宝暦七（一七五七）年に第三〇四代の高野山金剛峯寺の検校《けんぎょう》（寺務）となり、明和《めいわ》五（一七六八）年一一月二九日に死去したことがわかっていますが、現在のところ、それ以上のことはわかりません。

以上のように、一八世紀後半に刊行された『四国偏禮絵図』に遍路の密教的意義付けが書かれたことは決定的に重要でした。それゆえ、以後の絵図の多くは、それを中心に書くなど、本絵図が基準となるのです。そして、八八箇所が固定され、弘法大師空海とゆかりがなかった寺院にも大師堂が整備されていきました。ここに、四国遍路八八札所は確立したと考えます。

実証主義歴史学からこぼれたこと

現在において親鸞の妻といえば、三善為教《みよしためのり》の娘恵信尼《えしんに》一人というのが常識です。しかし、そうした常識が生まれたのは、大正一〇（一九二一）年に西本願寺の宝物庫から「恵信尼《えしんに》文書《もんじょ》」が発見されて以後のことです。それまでは、親鸞の妻は筆頭貴族九条兼実《くじょうかねざね》の娘玉日姫《たまひひめ》と考えられてきました。たとえば、明治四〇（一九〇七）年に刊行された土屋詮教《つちやせんきょう》著『日本宗教史』（早稲田大学出版部）でも、親鸞は兼実の娘と結婚したとしています。

「恵信尼文書」は、恵信尼が娘の覚信尼《かくしんに》に宛てた一〇通の書状です。その発見により、明治になって導入された西欧流の実証主義歴史学によって、存在さえ疑われていた親鸞の実在が確認されることになりました。それとともに、種々の伝説に包まれていた親鸞像ではなく、確実な史料に基づいた親鸞像が志向されるようになりました。いわば、伝説上の親鸞像から史上の親鸞像への転換が模索されるようになったのです。

教団で重視されてきた親鸞の伝記である『親鸞聖人伝絵《しんらんしょうにんでんね》』（以後、『伝絵』と略記する）の見直しもなされました。『伝絵』の初稿本は、親鸞の曾孫である本願寺第三世覚如《かくにょ》（一二七一―一三五一）が、永仁《えいにん》三（一二九五）年に親鸞三三回忌にあわせて、親鸞の伝記を絵と詞《ことば》で書き表し、それ以後も覚如自身による補訂がなされたものです。

近代の実証主義歴史学は、確実な史料のみによる歴史叙述をめざし、間違いも含んだ伝承のたぐいはばっさりと切り捨ててきました。『伝絵』もそうした厳しい史料批判にさらされるようになったのです。また、南北朝期には成立していた『親鸞聖人御因縁《しんらんしょうにんごいんねん》』などの伝記も当然無視されたのです。

そのため、近代以前は親鸞の妻とされてきた玉日姫に関しても、九条兼実の日記『玉葉《ぎょくよう》』に全く見られないことや、「恵信尼文書」のような玉日姫書状といった確実な第一次史料がないこともあって、否定されることになったのです。このようにして、近代以前は親鸞正妻といえば玉日姫の方が常識だったのが、近代になると玉日姫は忘れられ、恵信尼のみがクローズアップされていったのです。

親鸞の正妻・玉日姫の墓所を発掘する

しかし、『伝絵』『親鸞聖人御因縁』といった伝承を含んだ史料を捨ててしまって良いのでしょうか。私は、そうした伝記史料を史料批判などを通じて生かすべきと考えています。そこで江戸時代まで、親鸞正妻とされていた玉日姫について見直してみたいと思います。

まず、親鸞死後それほど時を経ていない南北朝期には成立していた『親鸞聖人御因縁』で、親鸞が九条兼実の娘と結婚したことを伝えていることは大いに注目されます。それによれば、九条兼実が建仁《けんにん》元(一二〇一)年に法然のところにやってきて、法談を行い、次のような質問を行いました。「法然とその弟子たちのような戒律を厳格に護持している清僧の念仏と私のような俗人の念仏とでは相違があるのではないでしょうか」。その質問に、法然は、「全く相違がない」と答えました。それに対して、九条兼実は、「そうだとすれば、法然の弟子の一人と私の娘と結婚させて、その証拠を示してほしい」と述べたといいます。親鸞の六角堂の夢告の内容を知っていた法然は、親鸞を指名し、親鸞は九条兼実の娘と結婚することになった、というのです。

『親鸞聖人御因縁』は、仏光寺《ぶっこうじ》派の伝承をまとめたものと考えられています。『親鸞聖人御因縁』は間違いも含んでいますが、南北朝期には親鸞が兼実の娘と結婚していたことを伝える話が成立していたことがわかります。

近代の実証主義歴史学は、そうした『親鸞聖人御因縁』なども荒唐無稽の話として一刀両断にバッサリと切り捨ててきました。その結果、玉日姫の御廟所であった西岸寺《さいがんじ》（京都市伏見区深草）の存在も忘れられてしまいました。

ところが、二〇一二年に西岸寺の玉日姫御廟所の発掘がなされたのです（この発掘については、別著『知られざる親鸞』で詳しく述べたので参照されたい）。その結果、西岸寺の玉日姫御廟所は江戸時代後期に改葬された墓であったことがわかりました。すなわち、従来から古文書や石碑銘文で予想されていた通りでした。逆にいえば、そうした古文書や石碑銘文の内容が考古学的な成果から確認されたことになります。そこで、次に古文書〈嘉永《かえい》四年一一月一六日付書状〉を通じて江戸時代後期の改葬事情を見てみましょう。

それは、嘉永四（一八五一）年の一一月一六日付で西岸寺僧（見龍《けんりゅう》）が真光寺《しんこうじ》に宛てて出した書状で、江戸時代後期の改葬の事情を詳しく伝えています。真光寺は広島県呉市に現存する寺で、西岸寺第一八世覚円《かくえん》が真光寺から来たために西岸寺と関係が深かった寺院です。

それによれば、嘉永五年三月の大修復が、嘉永二年四月一六日に九条家の五人が西岸寺を訪問したことに始まったことがわかります。すなわち、大御所様（九条尚忠《くじょうひさただ》）、若御所様（幸経《ゆきつね》）、御裏様《おうらさん》（幸経の妻肫子《あつこ》）、若君様二人（道孝《みちたか》とその妻）の五人がやってきて種々の拝領物がありました。その際に、玉日姫の御廟所が荒廃しているのを見たのでしょう。さらに閏四月五日にも九条氏が再度西岸寺にやって来ました。その際、玉日姫御廟を修復すべきか否かのお尋ねがあり、西岸寺住職が修復を願ったところ、勧進の手始めとして白銀五〇枚（金三五両くらい）が下された上に趣意書まで書いてくださったのです。さらに、翌嘉永三年正月には、門跡《もんぜき》（徳如《とくにょ》）にも勧進帳を見せたところ同意されて銀を下されました。なお、徳如は九条尚忠の猶子《ゆうし》（養子）となった後に、広如《こうにょ》の猶子となっていました。嘉永四年三月には九条氏がまた訪問し、四月には広如（本願寺第二〇代門主）も来臨され、御帰宅後ただちに呼び出されて大坂での勧進も許可されたといいます。

九条家は、兼実を初祖とします。その兼実の娘である玉日姫の墓が荒れていたのに心をいため、修復に協力を惜しまなかったのでしょう。西岸寺にある修復記念碑には「嘉永五

年三月　願主　御修復講」とあり、嘉永五年三月に御廟所の修復が完成したと考えられます。すなわち、さきの発掘は、こうした古文書や石碑銘文の内容を裏付けているのです。

先述のごとく、従来の仏教史では、玉日姫の存在自体が抹殺されてきました。そのことは裏を返せば、西岸寺の玉日姫墓所には、何もないと考えられてきたことになります。しかし、文献や伝承の示すように、幕末に改葬された墓と、骨壺に入った火葬骨が存在したことは、玉日姫の実在の確実性を高めるものでしょう。

とりわけ、中世以来、玉日姫の実在は信じられており、しかも、幕末の改葬が、九条家や本願寺門主（広如）のもとで、いわば衆目監視のもとで行われたことは重要です。それゆえ、新たに火葬骨を墓にいれたのではなく、鎌倉時代以来存在し、骨蔵器が割れていた火葬骨を、火消し壺にいれなおして改葬したと推測されます。

その当否は別として、こうした発掘成果により、西岸寺が九条家の小御堂《こみどう》の系譜を引く寺院であり、玉日姫御廟所の所在という伝承を伝える寺院であることは明らかとなりました。とすれば、玉日姫の存在を完全否定するのは困難になったといえるでしょう。近世末において、玉日姫は親鸞の妻として、その御廟所が修復されたのです。

「隠元隆琦像」京都・萬福寺蔵　重文

隠元と黄檗宗伝来の意義

隠元隆琦《いんげんりゅうき》（一五九二―一六七三）は、明末の禅宗を日本に伝え、黄檗山萬福寺《おうばくさんまんぷくじ》（京都府宇治市）を本山とする日本黄檗宗の開祖です。現在の日本禅宗といえば、臨済宗と曹洞宗と黄檗宗《おうばくしゅう》の三つです。これらのうち、黄檗宗は、江戸時代に伝えられた中国伝来最後の禅宗といえます。

隠元は、中国暦の万暦《まんれき》二〇（一五九二）年に現在の福建《ふっけん》省に生まれました。林氏の出といいますが、父親がどのような職業であったか不明です。万暦四八年二月、二九歳にして黄檗山萬福寺（福建省福清《ふくせい》県）で鑑源《かんげん》に従って出家しました。以後、諸所で仏典を学び、三四歳にして大悟《たいご》したといいます。隠元は、興福寺《こうふくじ》（長崎市）の僧に招かれ、承応《じょうおう》三（一六五四）年七月五日に来日しました。

隠元の伝えた禅は、純粋禅《じゅんすいぜん》というよりも、密教の儀礼と浄土教の入り交じった禅であった点に特徴があります。宋代の禅宗は、禅浄双修《ぜんじょうそうしゅう》（念仏を唱えるなど浄土系の行をしながら禅の修行をする）が流行し、その流れをくんだものです。隠元はインゲン豆をもたらし、普茶《ふちゃ》料理という中国的な（脂っこい）精進料理を伝来した僧としても知られています。

この隠元の来朝は、今日では想像できないほどの大きな事件でした。たんに仏教に止まらない、書道、絵画、喫茶などの清新な新文化（黄檗文化と呼ばれます）は、当時の知識人に衝撃を与え、取り入れられたのです。

たとえば、書道では、明清《みんしん》の書法が伝えられ、隠元と弟子木庵《もくあん》・即非《そくひ》の三人の書は黄檗三筆と珍重されました。絵画としては、正面を向く頂相《ちんぞう》などが知られています。喫茶では煎茶の作法が伝えられました。

隠元の門下には、後述する鉄眼道光《てつげんどうこう》（一六三〇—八二）や椿海《つばきうみ》（千葉県匝瑳《そうさ》市）の干拓事業などでも知られる鉄牛道機《てつぎゅうどうき》（一六二八—一七〇〇）といった優れた僧を輩出しました。彼らは「大蔵経」刊行、戒律復興などを行い、江戸時代の日本仏教界に新風を吹き込んだのです。

排仏論者はなぜ仏教を批判したのか――本居宣長・富永仲基

江戸幕府は、仏教のみを保護したのではなく、政治・統治思想として儒学、ことに朱子《しゅし》学《がく》を重要視していました。そのため、従来は、江戸時代における仏教の役割を過小に評価し、朱子学の果たした役割を過大に評価してきたともいえ、その点は改めるべきです。

この朱子学者の側から、仏教に対して激しい批判がなされました。その論者には、たとえば、藤原惺窩《ふじわらせいか》（一五六一―一六一九）がいます。朱子学は家制度を根本として重視していますが、仏教は、それを否定し、出家を勧めるのですから、水と油のような、埋めようのない溝があるわけです。また、儒学は忠・孝など現世における倫理規範を重要視するので、現世を「空《くう》」とし、現世からの超脱を求める仏教は批判の対象となったのです。

また、本居宣長《もとおりのりなが》（一七三〇―一八〇一）、平田篤胤《ひらたあつたね》（一七七六―一八四三）ら国学者《こくがくしゃ》からも排仏論がなされました。さらに、科学的な排仏論がなされるようになります。すなわち、富永仲基《とみながなかもと》（一七一五―四六）、山片蟠桃《やまがたばんとう》（一七四八―一八二一）らの排仏論です。そうした排仏論は、当時の日本仏教が何であったのかを逆説的な意味で示していますので、その代表として本居宣長と富永仲基の二人を挙げておきます。

本居宣長は、享保《きょうほう》一五（一七三〇）年に伊勢松坂（三重県松阪市）の木綿問屋に生まれました。京都に出て儒学や医学を学び、宝暦《ほうれき》七（一七五八）年以来、松坂で医師として励むかたわら、『古事記』、『万葉集』といった大和言葉で記された日本古典文献の実証的・学問的な研究に努め、国学を大成しました。宣長は、古典の示す世界は、それ自体が生き方を示すものと考え、生きていくための基礎を、仏教や儒学などの外来思想に染まっていない、日本古典の世界に求めたのです。

宣長は、仏教が超脱を勧める、特殊・有限な個としての生を、そのまま積極的に肯定しました。仏教では「煩悩《ぼんのう》」とされる、恋する心や愛する者の死への悲しみなどを生の本質として認めたのです。

富永仲基は、町人の子として大坂に生まれた市井《しせい》の儒学者ですが、惜しいことに三二歳で夭折《ようせつ》しました。最近では、日本思想史上の天才として大いに評価されています。彼は三宅石庵《みやけせきあん》に儒学を学びましたが、一五、六歳の頃に、儒学を歴史的発展の観点から批判したために破門されたほどの批判精神の持ち主でした。代表作は、日本で信仰されているあらゆる大乗経典は釈迦の説いたものではない（こうした考えを「大乗仏教非仏説論《だいじょうぶっきょうひぶっせつろん》」という）と主張した『出定後語《しゅつじょうこうご》』です。

八万四千と言われる仏教経典には、相矛盾する説が書かれている場合も多いのですが、従来は、説かれた時期や相手の違いによって、釈迦が異なった法を説いたからだと説明されてきました。それは、仏教経典をいずれも釈迦が説いたものという立場に立っていたのです。

ところが仲基は、二〇歳の頃に黄檗山萬福寺《おうばくさんまんぷくじ》で、黄檗《おうばく》版「大蔵経《だいぞうきょう》」の校訂作業に従事したことがあり、仏教経典の分析を通じて、前代の思想のうえに、それを超えようとして後代の思想が新しい要素を付け加えてゆくとする「加上説《かじょうせつ》」を提起したのです。そして、仏教のすべての経典が釈迦の説というのは誤りで、釈迦の説に順次加上されて大乗経典が作成されていったと主張したのです。

こうした考えは、現代の仏教研究にも有効な非常に優れた発想と言えますが、彼の大《だい》乗仏教《じょうぶっきょう》非仏説論《ひぶっせつろん》は、日本仏教の存在自体に疑問を提起するものでした。

そうとはいえ、富永仲基はいうまでもなく、朱子学者も国学者も、人生の重大事である死と葬送について、仏教に匹敵する論理と儀礼を展開できたとは言えません。それゆえ、排仏論の存在や明治維新期の廃仏毀釈《はいぶつきしゃく》にもかかわらず、仏教勢力が現在においても、葬式を行えるともいえるのです。

「大蔵経」の印刷・出版

近世仏教は、かつて考えられていたように、堕落していたわけでないことは先述しました。江戸時代の教学振興の典型例として、隠元《いんげん》の弟子鉄眼道光《てつげんどうこう》（一六三〇―八二）が、独力で「大蔵経《だいぞうきょう》」（一六八一年、鉄眼版、黄檗版とも表記）を印刷、刊行したことがまず挙げられます。「大蔵経」というのは仏典すべての集成で、それまでは、経典は筆写されたものが一般的で、「大蔵経」を所有する寺院は少なかったのです。そのため、経典に基づいた議論よりも、口伝《くでん》という師から弟子への伝承が普通でした。ところが、経典の木版印刷などによって、「大蔵経」を容易に手に入れることができるようになり、経典の検討による教義の議論が容易となっていったのです。

鉄眼道光は、肥後《ひご》（熊本県）の守山八幡宮《もりやまはちまんぐう》の社僧の子として生まれたのですが、一三歳の時に、浄土真宗の僧として出家しました。鉄眼の人生を変えたのが、二六歳の時の隠元への入門でした。隠元のもとで、嘉興蔵《かこうぞう》版（明暦《めいれき》版）といわれる明代に流通していた印刷された経典の存在を知り、嘉興蔵版をもとに「大蔵経」を印刷出版して普及させようと志しました。三九歳の時でした。諸国をめぐって「大蔵経」の刊行の寄付を募り、京都に木版印刷の印房を設置し、四九歳にして、初版約七〇〇〇巻を後水尾《ごみずのお》法皇に進上しました。

それまでは、高麗《こうらい》版、宋《そう》版などの輸入版の「大蔵経」が仏教界で使われたのですが、それらは希少でした。そこで、まず伊勢《いせ》常明寺《じょうみょうじ》宗存《しゅうそん》によって江戸時代初期の慶長《けいちょう》一八

（一六一三）年から寛永元《かんえい》（一六二四）年に、高麗版を基にした木活字版（木製の字型を使用）の折り本《おりほん》（巻かずに蛇腹状に折り畳んだ本）の「大蔵経」印刷が試みられました。これは完成にはいたらなかったのですが、宗存は近世においてはじめて「大蔵経」の活字化を試みた栄誉を担った人物といえます。延暦寺には、そのために作成された一八万四〇〇〇点以上もの木製の活字が現存しています。ついで江戸寛永寺天海《かんえいじてんかい》によって慶安元《けいあん》（一六四八）年に天海版が刊行されましたが、それも木活字を使用した木版（折り本版）で、三〇組ほど刷られたにすぎません。

他方、鉄眼版は多数（四万八二七五枚が現存）の版木《はんぎ》によって摺って作られた摺写本《しゅうしゃぼん》の方冊本《ほうさつ》（右端で綴じた本）で扱いやすく、初期の販売台帳によれば、四〇五蔵が納入され、大正期までに二三四〇箇所に納入されたようです。ここに経典の面でも、仏教が広く日本全国に広まっていくきっかけができたといえます。グーテンベルクによる聖書の印刷が、キリスト教の布教に大きな影響を与えたように、鉄眼による「大蔵経」の出版も仏教の普及と教学振興に大きな意義を有したのです。

教学の進展と宗祖無謬説

印刷技術の進歩によって教学は進展しました。また、「寺院法度《じいんはっと》」などで、学問が奨励されたこともあって、各宗派で、檀林《だんりん》、談義所《だんぎしょ》、学寮《がくりょう》などと呼ばれる一種の学校が整備され、各宗の教学、とくに宗祖研究、経典注釈研究などが進んだのです。そうした教育機関としては、浄土宗の増上寺を中心とする関東十八《かんとうじゅうはち》檀林や天台宗の寛永寺学寮、浄土真宗西本願寺の学林、東本願寺学寮、時宗藤沢清浄光寺《しょうじょうこうじ》の学寮、日蓮宗の飯高《いいだか》檀林などがありました。それらは、現在の宗門大学のような重要な役割を果たしていたのです。

また、先述した真言宗系の慈雲飲光《じうんおんこう》（一七一八―一八〇四）のサンスクリット研究も注目されます。

真宗系では、『歎異抄《たんにしょう》』の作者研究の例が挙げられます。一般には、『歎異抄』は唯円《ゆいえん》が親鸞の話を聞き書きしたものとなっていますが、それは、江戸時代後期の妙音院了《みょうおんいんりょう》祥《しょう》（一七八八―一八四二）の『歎異抄聞記《たんにしょうもんき》』（一八四二年成立）によって、ひとまず明らかにされたのです。

しかし、江戸時代の教団での仏教研究に大きな問題点がありました。とくに、経典や宗祖の言葉は真理（誤りがないもの）と受け取られ、そこに批判的な観点が入る余地がなかった点は決定的に大きな問題でした。これを宗祖無謬説《しゅうそむびゅうせつ》と言います。幕府は、一方では教学の振興を図りましたが、他方では仏教界の混乱を恐れて、宗派間や一宗派内の新義・異論を禁止したのでなおさら問題でした。言論の自由、批判のないところで、学問の発展はないのです。

仮名草子で布教──鈴木正三

排仏論による批判や宗祖無謬説などの教学上の限界などがありましたが、仏教批判などを真剣に受けとめた近世仏教者の努力により、仏教は日本人の間に、心の支えとして根づいていきました。ようするに、仏教は近世庶民の世俗倫理化していったのです。仏教は本来、現世からの超越を説くのですが、江戸時代には現世の生き方の指針となっていったと言えます。とりわけ、曹洞宗《そうとうしゅう》の鈴木正三《すずきしょうさん》（一五七九―一六五五）こそ、そうした仏教の世俗倫理化の努力をした一人です。

鈴木正三は、三河《みかわ》（愛知県）の武士の家に天正七（一五七九）年に誕生しました。俗名は鈴木九大夫重光《きゅうだゆうしげみつ》で、「仮名草子《かなぞうし》」の作家として正三を名乗ったのです。正三は関ヶ原合戦（一六〇〇年）に参加し、大坂の陣（一六一四、一五年）の際には軍功を挙げました。元和元（一六一五）年には三河加茂《かも》郡に二百石の知行を与えられました。その後、駿府の家康に仕え、家康の死後は江戸で二代将軍秀忠に仕えたのです。ところが、元和六（一六二〇）年四二歳の時に曹洞宗の僧侶として出家しました。三河西加茂郡に恩真寺《おんしんじ》（愛知県豊田市）を開創し、以後、僧侶として活動を始めました。『二人比丘尼《ふたりびくに》』などの「仮名草子」を著し、仮名書きの物語で仏教を庶民に広めたことでも注目されます。

寛永《かんえい》一八（一六四二）年、弟の鈴木重成《しげなり》が島原の乱後まもない肥後天草に代官として派遣されると、正三も招聘されて天草に下りました。そこで、仏教の布教に努め、三年後には江戸に戻りました。

正三は、主著の『万民徳用《ばんみんとくよう》』（一六六一年）で、士・農・工・商のあらゆる職業は、それに専念することは仏行（仏道）であるとするなど、仏教的な世俗倫理の確立に努めました。

正三の言行を弟子がまとめた『驢鞍橋《ろあんきょう》』（一六四八年成稿）にも、「農業がそのまま仏行である。それと別に特別の思いを求めてはいけない。みなさんの各々の身体は仏の身体であり、心は仏の心であり、行為は仏の行為である。（中略）それゆえ、農業で罪障を滅しようと、大願力を起こし、一鍬一鍬に南無阿弥陀仏、南無阿弥陀仏と思って耕作すれば、必ず仏の悟りに到るであろう」と、そうした正三の考えが表れています。

こうした鈴木正三の思想は、近世身分社会を肯定する立場とはいえ、各職業を天職とし、職業に従事することが仏道であるとする主張する点などは、プロテスタントのカルバンらの思想にも類似し、瞠目《どうもく》されます。

日本の明治維新の近代化が容易であったのは、こうした思想が江戸時代の間に次第に広まっていたからでしょう。

盤珪永琢と白隠慧鶴

鈴木正三のほかにも、臨済禅の盤珪永琢《ばんけいえいたく》（一六二二―九三）や白隠慧鶴《はくいんえかく》（一六八五―一七六八）らも、仏教の民衆教化に大きな役割を果たしました。平易な言葉（かな文字）で布教したことによります。

盤珪は播磨《はりま》（兵庫県）の出身で、一七歳で同国赤穂《あこう》の随鷗寺《ずいおうじ》で出家し、諸所で修行を積み、播磨浜田（姫路市）龍門寺《りゅうもんじ》を中心に教化活動を行いました。寛文《かんぶん》一二（一六七二）年には京都妙心寺の住持となっています。盤珪は、人は生まれながらにして「不生不滅《ふしょうふめつ》」の仏心《ぶっしん》があるとして、日常生活一切が禅であるという不生禅《ふしょうぜん》を平易な言葉で説いたことで知られています。

白隠は、現在の臨済宗のほとんどが白隠の法灯を引くと言われるほどで、日本臨済宗における江戸時代の中興者と位置づけられています。

白隠は、駿河《するが》国浮島原《うきしまはら》（静岡県沼津市）に生まれ、元禄《げんろく》一二（一六九九）年、一五歳で郷里の松蔭寺《しょういんじ》の単嶺祖伝《たんれいそでん》に従って出家し、慧鶴《えかく》の諱《いみな》を授けられました。宝永《ほうえい》元（一七〇四）年、美濃《みの》（岐阜県）瑞雲寺《ずいうんじ》の馬翁《まおう》に師事し、その後、越後《えちご》（新潟県）高田の英巌寺《えいがんじ》性徹《しょうてつ》、

「白隠自画像」静岡・龍澤寺蔵

信濃《しなの》（長野県）飯山《いいやま》の慧端《えたん》に参禅し、悟りを得たといいます。宝永五年には松蔭寺に戻りますが、悟りの境地と現実との乖離から病となり、京都白川の白幽子《はくゆうし》を訪ね、内観修養《ないかんしゅうよう》の法を授かり、完治したのです。その後、享保《きょうほう》三（一七一八）年には京都妙心寺の首座《しゅそ》を拝命しますが、出世を好まず、首座のままで松蔭寺を中心に活動し、諸国で『碧巌録《へきがんろく》』・『臨済録《りんざいろく》』などを講じました。

白隠は、臨済宗の正統な後継者という自覚にたって、厳しい禅風を宣揚しました。臨済禅の特徴は、公案《こうあん》という、師の出す問題に弟子が答えることを通じて、悟りを得させるという点にあるとされます。白隠も、公案を使って、弟子を指導しました。

まず、白隠の臨済禅僧の側面を、弟子に与える最初の公案であった「隻手音声《せきしゅのおんじょう》」を通してみてみましょう。

「隻手音声」とは、「片手で叩く音を聞きなさい」という題です。両手で叩けば音がします。しかし、片手では、音はしません。それでも「片手で叩く音を聞きなさい」というのです。白隠は、それを通して、経や言葉を超えた声、つまり仏の教えを直に感じ取ることを自覚させようとしたと考えられています。この世には、音なき音、声なき声に満ちています。そうした音や声を全身全霊で体感せよと教えたのです。

白隠は、弟子たちには、そうした公案を使った禅問答を通じて、禅を教えて、体得させていきましたが、他方、平易な言葉と比喩を用いて禅の民衆化にも努めました。とりわけ『遠羅天釜《おらてがま》』などの仮名法語や、『坐禅和讃《ざぜんわさん》』が注目されます。

『坐禅和讃』の訳文を例に挙げて白隠の民衆に布教した思想を少し紹介しましょう。

衆生は本来仏であり、衆生と仏の関係は水と氷のようなものだ。
水を離れて氷がないように、衆生の外に仏はないのだ。
衆生は仏が近くに存在するのを知らず、遠くに求めるのははかないことである。
譬えていえば、水の中にいながら喉の渇きを叫ぶようなものだ。
長者（金持ち）の家の子なのに、貧しい里に迷うのと異ならない。

誰でも悟りを開いて仏となることのできる素質（仏性）があるとする「悉有仏性説《しゅうぶっしょうせつ》」は、

最澄のところで紹介しました。鎌倉仏教以後の日本仏教では、それが常識となっていきました。白隠は、衆生自体に内在する仏性と衆生の関係を、水と氷に譬えつつ、自己に内在する仏性を自覚させようとしていたことがわかります。では、どうしたら、仏性を自覚し、悟ることができるのかといえば、禅（禅定、坐禅）によってだと説いたのです。

禅については、『坐禅和讃』の中で、

夫れ摩訶衍の禅定は、称嘆するに余あり。布施や持戒の諸波羅蜜、念仏・懺悔・修行等、その品多き諸善行、皆この中に帰するなり、

と述べています。

その意味は、摩訶衍《まかえん》（＝大乗）の禅は、賞嘆しすぎることはない。布施《ふせ》（施すこと）や持戒といった諸善行や、念仏、懺悔、修行といったあらゆる善き行いが、禅に包摂されているからだ。

ようするに、白隠は、禅には、あらゆる善行が含まれているから坐禅をせよという説をわかり易く説いていたのです。

ところで、白隠は、「達磨図《だるまず》」などの数多くの禅画で知られるようになってきました。白隠の描く巨大な眼の達磨像は、その迫力に圧倒されます。それらの絵も禅の世界を庶民にわかりやすく伝えるためだったのでしょう。

第六　明治維新はどんな意味を持つのか——明治から平成へ

一八六八（明治元）年に明治維新が起こりました。明治維新は、政治史上の大変革で、日本における近代の幕開けと考えられています。ここに、日本の近代化・西欧化が始まったのですが、仏教界にとっても革命的な大事件で、その後、現在にいたるまで決定的な影響を与えました。日本の近代化とは、日本仏教の近代化でもあったのです。明治維新は、それによって江戸時代までの仏教体制がいったん解体され、日本近代に適合した体制へと変化していく一大契機であり、現在の日本仏教に続いているのです。

ここでは、大教院《だいきょういん》制設置の改革など、具体的に近代仏教史を見ていきましょう。

神仏分離の影響

江戸時代の思想界は、仏教を中心としながらも、基本は儒教・仏教・神道の共生・融合の時代であったと評価できます。先述したように、近世仏教は、江戸幕府の保護を受け、宗門改《しゅうもんあらため》制度、檀家《だんか》制度によって保障され、「国教」の地位を維持してきました。僧侶は、一種の戸籍管理人となり、いわば幕府の「官僧」となっていたのです。明治維新は、そんな仏教「国教」時代に終焉をもたらした大事件でした。明治維新によって、体制の後ろ盾であった江戸幕府がなくなったからです。それゆえ、儒教・仏教・神道の共生・融合の時代も終わりを迎えることになりました。

明治維新政府は、明治元（一八六八）年三月に神仏分離令《しんぶつぶんりれい》を、明治四年正月には上地令《あげちれい》（江戸幕府が授与した土地の没収命令）を出し、同年四月には宗門改制度、寺請《てらうけ》制度を廃止するなど仏教側に対して、続々と圧迫策を進めました。これにより、幕府・朝廷から授与された土地を失い、経済的に困窮する寺院も出るようになっていきました。僧侶は、檀家や信者のお布施《ふせ》によって生活を維持しなければならなくなったのです。いわば、鎌倉新仏教の祖師たちの時代にもどり、僧侶は「私僧」となったといえます。

明治以前においては、神仏習合によって、寺院と神社は同一境内に住み分けしながら共住し、僧侶が神社を管轄している場合がほとんどでした。仏像を御神体にしている神社すらもありました。神仏分離令は、本来、そうした神仏習合を止《や》め、神社を混じり気なしの神社にすることが狙いでした。しかし、神仏分離を主張する国学者、神道家に扇動された人々によって、寺や仏像、経典などが次々と破壊・棄破され、多くの僧侶が還俗《げんぞく》（僧侶をやめて俗人にもどること）する事態が起こりました。これを廃仏毀釈《はいぶつきしゃく》運動といいます。江戸時代において、寺院が江戸幕府の下請役所的存在であった事もあって、反幕府勢力に狙われた面もあったのです。

廃止されたものの一つには、宮中での仏事法要もありました。八三四年に、空海の申請によって大内裏内に宮中真言院《きゅうちゅうしんごんいん》が設置されて以来、宮中で東寺僧によって正月八日から一五日に後七日御修法《ごしちにちみしほ》が中断はあっても行われてきました。一六二二年以降は江戸時代を通じて実施されてきました。つまり、宮中で仏教儀礼が行われ仏像や仏具が安置されていたのです。神仏分離後は、それらは他の寺院に移し、葬式も神祇祭祀の方式となりました。ここに、一千有余年にわたって、宮中で行われてきたもろもろの仏事法要はすべて廃止されるにいたったのです。

廃仏毀釈と肉食妻帯

こうした廃仏毀釈の嵐によって貴重な寺や仏像などが失われました。奈良興福寺《こうふくじ》僧は上地令《あげちれい》によって、伽藍《がらん》敷地以外を取り上げられたため、経済的に困窮してしまいました。それもあって、僧侶たちは積極的に還俗《げんぞく》し、皆、春日大社《かすがたいしゃ》の神職になりました。五重塔が、二五円（二五〇円とも）で売りに出されたほどです。危なく破壊されてしまいそうだったのですが、西大寺住職の佐伯泓澄《さえきこうちょう》らの努力によって守られたのです。現在は国宝で大人気の阿修羅《あしゅら》像も、手が折れているような惨状でした。また、天理市に所在した内山永久寺《うちやまえいきゅうじ》にいたっては、徹底的に跡形もなく破壊されてしまったほど廃仏毀釈運動は激しかったのです。

より重要なのは、こうした廃仏毀釈の運動が全国に及んだことです。たとえば、反幕府派の鹿児島藩では徹底的な廃仏毀釈運動を行い、神道《しんとう》だけで信仰を統一しようとしました。廃仏毀釈が始まった時点では、寺院総数は一〇六六箇寺、僧侶は二九六四人でしたが、廃仏毀釈運動により、ほぼ全員が強制的に還俗させられ、一〇六〇箇寺が破壊されました。島津家の菩提寺福昌寺《ふくしょうじ》も破却の憂き目を見たほどです。歴代藩主にゆかりの寺院にあった位牌は、藩内のみならず京都、鎌倉などからも集められ、福昌寺墓地（鹿児島市）に埋納され、捨てられたのでした。富山藩では、藩領内の一六三五箇寺のうちの九九・六パーセントにあたる一六二九箇寺が廃寺にされたのです。

日本仏教の特徴の一つとされているのが僧侶の妻帯です。先述したように、これは親鸞《しんらん》に始まるもので、親鸞は公然と妻帯し、それを隠すどころか、門下に対して妻帯を公認しました。その背景には、事実上、妻帯している僧侶が例外ではなかったことがあります。しかし、たとえ親鸞門下が妻帯し、他宗でも妻帯する僧侶が一般的だったとしても、他の宗派では、妻帯は禁止されていました。

ところが、明治五（一八七二）年四月に、僧侶の妻帯（肉食《にくじき》・蓄髪《ちくはつ》も）を公認する法令が出され、明治三〇年代以後には、妻帯を公認する宗派が増えていきます。ここに、一宗派の特徴であった僧侶の妻帯が一般化し、日本仏教の特徴となったのです。

国家神道の誕生

さらに、重要な事件としてキリスト教が解禁されたことがあります。外国の要求もあって、明治政府は、明治六（一八七三）年二月にはキリスト教禁止の高札《こうさつ》を撤去し、以後、キリスト教布教が、公認ではないが、黙認されました。仏教にとっては、いわばライバルの禁教が解かれたのです。そのうえ、天理教《てんりきょう》などの新しい宗教も続々と成立し信者獲得競争の時代に入っていきました。

明治政府は、当初、天皇中心の神道によって国民を教化すべく、明治二（一八六九）年には神祇官《じんぎかん》を再興して、全官庁の最高位に位置づけます。明治三（一八七〇）年には、大《だい》教宣布《きょうせんぷ》の詔《みことのり》が出され、神道《しんとう》が「大教」の名で組織的に布教されるようになりました。つまり、神道の国教化を進めていったのです。

ところが、明治四（一八七一）年に神祇官は太政官《だじょうかん》に属する神祇省《じんぎしょう》に格下げされ、翌年には教部省《きょうぶしょう》に改められました。明治新政府は、事実上公認されたキリスト教の進出に備えるべく、急激な神道国教化政策を改め、全宗教をあげて神道を国教化するための国民教化政策に切り替えていったのです。教部省は、国民教化の基準として「一、敬神愛国の旨を体すべきこと、二、天理人道を明《あきらか》にすべきこと、三、皇上《こうじょう》（天皇）を奉戴し朝旨《ちょうし》（天皇の命令）を遵守せしむべきこと」の「三条の教則」を定め、東京に大教院《だいきょういん》（増上寺に設置）、地方には中教院《ちゅうきょういん》・小教院《しょうきょういん》を設けました。教化にあたる教導職には、神職・僧侶・民間の宗教家から俳優・講釈師までもが動員されました。結局、人数のうえでも教化の能力のうえでもまさる仏教側が大教院以下の運営の主導権を握ることになり、ここに仏教は失地回復の機会を摑んだといえます。

超宗派的な国家神道の誕生によって、ようやく政権はその基礎を固め、文明開化・殖産興業・富国強兵の道を歩み始めることができたのです。明治八年には真宗四派が、信教の自由、政治と宗教の分離を求めて、大教院を脱退したのを契機に、大教院も解散し、教部省も、二年後には廃止されました。こうして、仏教は廃仏毀釈の打撃から立ち直りを見せ始めるのです。

そうした状況のなかで、日本仏教のあり方に危機意識をもった井上円了《いのうええんりょう》（一八五八―一九一九）、清沢満之《きよざわまんし》（一八六三―一九〇三）らの仏教覚醒の運動や、村上専精《むらかみせんしょう》（一八五一―一九二九）、姉崎正治《あねざきまさはる》（一八七三―一九四九）らの近代的な仏教研究、鈴木大拙《すずきだいせつ》（一八七〇―一九六六）の日本仏教の外国伝道などが起こります。いわば仏教界の明治維新です。

これらの仏教者について順に見ていきましょう。

護国愛理を主張した井上円了

井上円了（一八五八―一九一九）は、哲学館大学（現、東洋大学）の創設者です。迷信打破に熱心で、怪異を論理的に論じたため妖怪博士と呼ばれました。とりわけ、仏教再興・近代化の面でも極めて重要な役割を果たしました。

井上は、安政《あんせい》五（一八五八）年二月、越後《えちご》国長岡藩西組浦村《にしぐみうら》（新潟県長岡市浦）の慈光寺《じこうじ》で生まれました。慈光寺は当時も今も浄土真宗大谷派の寺院です。明治七（一八七四）年、一六歳の時、新潟学校第一分校（現、県立長岡高等学校）に入学。卒業後、明治一〇年には京都にあった東本願寺派の教師教校の英学部に進みました。明治一一年四月、東本願寺の国内留学生に選抜されて上京し、同年九月、創設されて間もない東京大学（明治一九年の帝国大学令により帝国大学に、明治三〇年東京帝国大学に、戦後は東京大学に名称が変化）予備門に入学します。二〇歳の時でした。ついで明治一四年に東京大学文学部哲学科に進学し、一八年に卒業しました。

円了は、哲学はものの考え方の基礎であり、国家の富強・文明の発展に不可欠なものであるとして、哲学の研究・普及の必要性を痛感し、東大卒業後、精力的な著述活動を展開しました。とくに、明治維新後の廃仏毀釈・キリスト教解禁といった仏教の危機的状況のなかで、仏教の再興・近代化をめざして『真理金針《しんりこんしん》』、『仏教活論《ぶっきょうかつろん》』を執筆し、当時の仏教界に大きな刺激と影響を与えたのです。

すなわち、キリストの天地創造説などを非合理として批判し、また、東洋の文明を維持し、日本の独立を図らんとすれば、まず仏教を再興すべきであるとしました。しかし、仏教の現状は迷信・破戒などの弊害も多いので、その改良は国家の義務であるとしたのです。さらに、仏教の真理は、西欧の理哲学に合致し、智力の宗教である聖道門《しょうどうもん》（浄土系以外の教え）、情感の宗教である浄土門《じょうどもん》の両面を併有していると考え、仏教教理は「中道」の理を基本とし、因果の理法を規則とし、実践としては安心立命を教えると主張しました。こうした立場を、井上は「護国愛理《ごこくあいり》」の標語で表しています。

西欧哲学を学んだ井上は、廃仏毀釈やキリスト教側の仏教批判に対して、「護国愛理」の立場から理論的な反論を試み、仏教界を勇気づけた人物と評価できます。

精神主義と清沢満之

清沢満之は、文久《ぶんきゅう》三（一八六三）年から明治三六（一九〇三）年までの短い人生において、浄土真宗大谷派（東本願寺派）の近代化と改革に努め、大谷大学を創設するなど、大谷派の近代史において活躍した人物です。従来は大谷派の歴史においてのみ注目されることが多かったのですが、近年の仏教研究では、近代仏教におけるキーパーソン、日本最初の近代的哲学者と考えられるほど重視されています。

満之は、尾張徳川藩の貧しい下級士族（足軽頭）徳永永則の長男として誕生しました。一六歳で大谷派の僧侶となり、東本願寺の育英教校《いくえいきょうこう》に入り、明治一五（一八八二）年には東京大学に入学しました。在学中、フェノローサから哲学を学びました。その後、明治二一年には、二五歳の若さで、京都府尋常中学校校長となり、同年に西方寺《さいほうじ》（愛知県碧南《へきなん》市）清沢家の婿養子に入ったのです。

明治二七年には、結核のため教職を辞し、兵庫県須磨《すま》西垂水《にしたるみ》に転地療養することになりました。当時、結核は死亡率が高い病気であり、満之は死を意識して、明治二九年には東本願寺の教学改革を始めたのですが、挫折して明治三三年には東京に浩々洞《こうこうどう》を営みました。浩々洞は満之を中心とする私塾で、真宗を学ぼうとする学生たちが共同生活を送りました。翌年には、京都から東京巣鴨に移転した真宗《しんしゅう》大学（大谷《おおたに》大学の前身）の学監となり、雑誌『精神界』を刊行し、「精神主義」を宣揚しました。

彼の精神主義をまとめるのは容易ではないのですが、『阿含経《あごんきょう》』、『歎異抄』、『エピクテトスの語録』に依拠しながら、信仰中心の内省的な生き方、個人主義を主張した、といえます。

明治三四（一九〇一）年一月一五日に発行された『精神界』第一巻第一号に寄稿した「精神主義」という論文によれば、精神主義は、有限な「吾人精神《ごじんせいしん》」が「絶対無限者」に接することで、生きてゆくための完全な立脚地を獲得し、そうした拠り所を得た「吾人精神」が発展し、無限の理想に近づくための路とされています。

ただし、精神主義はいわゆる哲学上の唯心論《ゆいしんろん》・唯物論《ゆいぶつろん》とは関係ない点に注意すべきです。全く常識的な主観と客観をもとに、あくまで関心の対象を抽象的な形而上学ではなく、実践的な問題としています。主・客対立の客観については全く関心の外で、もっぱら主観を探求し、主観の内に絶対無限者を見いだし、客観的外物《がいぶつ》に左右されないことを求めたのです。客観的外界は実在するが、価値的には意味がなく、ひたすら主観を探求すべきと主張したのです。こうした主観主義が精神主義の特徴です。

ただ、近年の研究では、『精神界』の清沢満之の著作とされている多くのものが、清沢満之の名で書かれた、暁烏《あけがらす》敏《はや》ら弟子の著作ではないかとする説が出ており、満之の思想を理解するのは容易ではありません。

満之の活躍した明治三〇年代（一八九七―一九〇六）は、日清戦争（一八九四―九五）後、日露戦争（一九〇四―〇五）勃発期で、日本の国粋主義が大いに発揚した時期であり、満之自身も、日本中心主義の立場をとっていました。そうした思想的な限界があったにせよ、満之は真宗大谷派教団に属しつつも、教団改革に努め、祈禱仏教を批判し、信仰中心の仏教を主張したことは大いに注目されます。

満之の教団改革は挫折しましたが、教団仏教の近代化に努め、青年僧侶に共感をよび、のちの大谷派の教学・教団動向に大きな影響を与えたのです。とくに、満之によって『歎異抄《たんにしょう》』が再発見され、親鸞が真宗の祖師としてのみならず、日本を代表する思想家としても位置づけ直されたのです。

近代的研究の基礎構築――村上専精

明治維新は仏教研究・教育制度の面においても、大きな変化が起こった画期でした。とりわけ、東京大学において、明治一二（一八七九）年に原坦山《はらたんざん》が仏教を講義し、後には印度哲学科が設立され、宗学教育ではないアカデミックな仏教教育が始まりました。

仏教研究の面でも、ヨーロッパから新しい研究方法が導入され、サンスクリット語文献などを使った仏教研究が始まりました。これまでにも、先述した慈雲飲光《じうんおんこう》のサンスクリット研究がありましたが、それは例外でした。仏教研究は漢文経典の研究がほとんどであり、しかも、各宗派の宗学研究が中心だったのです。ところが、明治維新以後、近代科学的な仏教研究が正規に成立しました。それを指導した代表的な人物に南条文雄《なんじょうぶんゆう》（一八四九―一九二七）や「大乗仏教非仏説論《だいじょうぶっきょうひぶっせつろん》」を主張した村上専精《むらかみせんしょう》がいます。ここでは、村上を取り上げます。

村上専精は、丹波《たんば》国（兵庫県）の真宗大谷派の僧侶の出身で、東本願寺の学寮《がくりょう》などで学び、明治二〇（一八八七）年に帝国大学の仏書講読担当の講師となり、大正六（一九一七）年に東京帝国大学の初代印度哲学科教授となった人です。

村上は、南条文雄のように外国に留学したわけではなく、サンスクリット語が読めるわけでもなかったのですが、『仏教統一論《ぶっきょうとういつろん》』『大乗仏説論批判《だいじょうぶっせつろんひはん》』などで、インド・中国仏教の源流を尋ね、大乗仏教の釈迦《しゃか》観や経典内容は神秘的で歴史的な事実ではないと批判しました。他方、教理的・思想的な釈迦の真の精神は大乗仏教に表れているとも主張しました。

彼は、「支離滅裂せんとする仏教理想の合同的一致を知らしめんがためなり」と、分裂した教団の宗派教学に対し、仏教統一の強い信念を有していたのです。

村上の「大乗仏教非仏説論」は、江戸時代の富永仲基《とみながなかもと》に遡《さかのぼ》れるのですが、「大乗仏教は仏陀《ぶっだ》の直説《じきせつ》である」と信じられていた当時、僧籍にある村上専精が大乗仏教を仏説ではないとしたことは大きな波紋をよびました。その結果、村上は一時、僧籍を離脱させられたくらいだったのです。いかに「大乗仏教非仏説論」が異端学説であったかがうかがえます。

鎌倉新仏教中心史観の始まり

宗派を超えて通仏教的に仏教が研究されるようになったことは、日本仏教全体を捉える視点を持てたことであり、とても画期的なことでした。しかしながら、副作用がなかったわけではありません。曹洞宗の僧である原坦山《はらたんざん》や、真宗大谷派《しんしゅうおおたには》の僧侶ある村上専精《むらかみせんしょう》がアカデミックな仏教研究を中心的に担ったために、中世仏教史は、真宗、曹洞宗《そうとうしゅう》等いわゆる鎌倉新仏教を中心に分析する新仏教中心史観、ことに親鸞を典型とする立場で研究がなされることになりました。日本仏教は、鎌倉新仏教中心史観によって「発見」されていったのです。

その結果、選択《せんちゃく》、専修《せんじゅ》、易行《いぎょう》、戒律《かいりつ》・密教《みっきょう》の軽視、が新仏教の特徴とされるにいたります。しかし、これまで述べてきたように、中世において、親鸞《しんらん》や道元《どうげん》らの教団は全く優勢ではなく、叡尊《えいぞん》・忍性《にんしょう》らの叡尊教団や臨済禅《りんざいぜん》の方が圧倒的に優勢でした。彼らは、戒律を重視し、密教や禅を兼修《けんしゅう》し、念仏までも重視していました。いわば、多元的（非選択、兼修）、難行《なんぎょう》、戒律・密教の重視を特徴とするグループの方が中世人の心を摑んでいたのです。とはいえ、鎌倉新仏教に共通の特徴がなかったわけではありません。先述のように鎌倉新仏教の担い手は遁世僧《とんせいそう》という私僧でしたし、その方法は違えども「個」の救済をめざしていた点に鎌倉新仏教の特徴があると考えています。

日本仏教を欧米に知らしめた鈴木大拙

鈴木大拙《すずきだいせつ》（一八七〇―一九六六）は、諱《いみな》は貞太郎《ていたろう》で、大拙というのは居士《こじ》号です。満九五歳という長命でしたので、果たした役割も多様でした。日本仏教の欧米への紹介者から、戦後はキリスト教的な素養の欧米人と共生していくために、日本人に生きる道しるべとして日本仏教の特徴・意義を明らかにすることへと変化していきました。

大拙は、仏典の英訳や英文による『大乗仏教概論《だいじょうぶっきょうがいろん》』、『禅と日本文化』などの刊行を通じて、アメリカなど海外へ禅をはじめとする仏教思想を紹介するなど非常に大きな役割を果たしたことはよく知られています。また、大正一〇年、五〇歳からは、大谷大学教授として真宗教学の研究・教育にも努めました。

大拙は、明治三（一八七〇）年一〇月一八日に金沢市で、金沢藩医学館役員をしていた父良準《りょうじゅん》（柔）と母増の間の四男一女の末子として生まれました。しかし、六歳の時に父が亡くなったこともあって、実家は貧しく、せっかく入学した第四高等学校を中退せざるを得ませんでした。その後、能登《のと》で小学校高等科の英語教師となったのですが、母の死を契機に、東京へ出て勉強する決意をし、二一歳の時に上京しました。東京では、帝国大学に籍を置き、明治二八年に哲学科を修了しましたが、その間に、鎌倉円覚寺《えんがくじ》の釈宗演《しゃくそうえん》に師事し、その推薦で渡米し、独学で仏教思想を研究したのです。

大拙は、一二年にわたる滞米経験を通じ、西洋と日本の経済的・政治的な落差を感じるとともに、経済的・政治的には遅れている東洋とくに日本が、どのような分野で世界に貢献ができるかを考え、哲学・宗教面で役立ち得るのではないかと考えたのです。

大拙は、多数の著作を著しているので、その思想なるものも多岐にわたりますが、ここでは「無分別《むふんべつ》」の智《ち》に関する彼の思想を紹介しておきます。

大拙は、キリスト教に支えられた西欧の基底をなすのは、「分けて制する」立場、すなわち、主客二分を前提として主観に対する客観を主観中心に制し支配しようとする「分別」の立場に立つと考えました。他方、日本もその一つである東洋は、主客二分以前の立場、分別に対しては「無分別」と言い得る立場としました。こうした「無分別」の立場と、西洋の「分別」の立場とが相補うことによって、近代化にともなう人間疎外、ニヒリズムの問題などが解決されるとしたのです。「無分別」の智の代表的なものこそ、禅と親鸞《しんらん》の絶対他力《ぜったいたりき》の立場であると主張しました。たとえば、絶対他力の立場は、阿弥陀《あみだ》仏は善人であれ悪人であれ、善・悪を問わず、ただ阿弥陀仏の本願《ほんがん》を信じ、「南無阿弥陀仏《なむあみだぶつ》」と唱えればよいとするため、善・悪という分別を超えた「無分別」の智だというのです。

現在、分別がある人というように、分別というのは良い意味で使われる言葉ですが、その語源である仏教用語としては、もともとは、我《が》に囚われているという意味で、悪い意味です。大拙は、そうした本来の意味から、「無分別」の智の有効性を主張したといえるでしょう。

以上のように、明治維新以後、仏教界の方も、さまざまな革新が図られるとともに、その革新運動は近代日本の世界展開とも結びついていった点に注目すべきです。

新宗教が現れた意味

近代の宗教界における巨大な変化の一つに、新宗教が続々と生まれたことがあります。新宗教には、天理教《てんりきょう》、大本教《おおもときょう》といった神道系のものもありますが、国柱会《こくちゅうかい》、創価学会《そうかがっかい》、真《しん》如苑《にょえん》などの仏教系の新宗教教団も多数の信者を獲得して、大きな位置を占めてきたことが注目されます。ここでは、教祖がもともと仏教系の僧侶だったり、仏教の経典を所依《しょえ》とする、仏教系の新宗教に注目してみましょう。

なぜ仏教系の新宗教は大きな意味を持ち得たのでしょうか。結論的な言い方をすれば、人々が新宗教に求めたものは、「個として生きる意味」と「個を超える絆」であり、新宗教はそれに応えたと考えています。

明治以後の日本は、近代化・都市化・西欧化がどんどん進み、多数の農民、とりわけ跡継ぎになれない次男、三男らが都市に出ていきました。それにともない、連帯感を喪失し、孤独に悩む都市民が増加していきました。彼らは、田舎を離れて都市に出ていったために、田舎の菩提寺には日常的に行くこともできず、自己の悩みを僧侶らに相談する機会を失ってしまいました。心の拠り所がなくなっていたのです。そうした都市民衆に、新宗教は積極的に布教活動を行い、寄り添い、彼らの心を捉えていったのです。都市民衆は個として生きることを強いられ、個を超える絆に惹かれたのです。

仏教系の新宗教には、日蓮宗系と密教系などがあります。とりわけ、日蓮宗系は信者数も多く、政治的・社会的にも大きな影響を与えてきました。

日蓮宗系としては、国柱会（一八八四年に立正安国会《りっしょうあんこくかい》として創立、一九一四年に国柱会と改称）、創価学会（一九三〇年成立）、霊友会（一九三〇年成立）、立正佼成会（一九三八年成立）が挙げられます。それらはプロの僧侶ではなく、在家信者が中心に活動する点に大きな特徴があります。とりわけ、国柱会の田中智学《たなかちがく》の唱えた日蓮主義は、近代日本の外国侵略の思想的背景となるなど、政治的・社会的にも大きな影響力を持ちました。また、創価学会、霊友会の会員数は非常に多く、新宗教を代表する存在です。そこで、国柱会からみてみましょう。

国柱会――田中智学と宮沢賢治

国柱会は、田中智学（一八六一―一九三九）が開いた日蓮宗《にちれんしゅう》系の在家仏教団体です。「国柱」というのは、「われ日本の柱とならん」（『開目抄《かいもくしょう》』）と、日蓮が自己を「国の柱」と規定したことによります。

田中智学は、江戸日本橋の医師で熱心な日蓮信者だった多田玄龍《ただげんりゅう》の三男として生まれました。一〇歳の時に父を亡くし、亡父の意志を継いで日蓮宗僧として出家します。しかし、一九歳の時に還俗《げんぞく》し、以後、在家の立場での智学独自の改革運動を始めました。

田中智学の著作は多く、まとめるのは容易ではないのですが、『仏教夫婦論《ぶっきょうふうふろん》』『宗門之維新《しゅうもんのいしん》』の二つを取り上げてみましょう。

『仏教夫婦論』では、末法の世においては、戒律は意味を持たず、妻帯する在家者が仏教活動における中核をなすと主張し、在家主義の立場が表明されています。なお、在家主義というのは、出家せずに、俗人として生活しながら、宗教的にも意味ある生き方ができるというものです。

『宗門之維新』は、日清・日露戦争期の時代状況に対応し、宗門の改革のみならず、当時の世界状況を打開する目的で書かれています。智学は、天皇を『法華経』の真理の体現者として位置づけ、『法華経』に基づく政教一致の実現を求め、日本中心の立場にたって日蓮の教えを世界に広めようとしていました。ようするに、智学は、天皇中心の日本による世界統一をめざしていたのです。「個」を超え、世界とも繋がる絆をめざしていたのです。

こうした国柱会の主張は日蓮主義と呼ばれ、関東軍作戦参謀として満州事変・満州国建国を主導した石原莞爾《いしはらかんじ》（一八八九―一九四九）、テロリスト井上日召《いのうえにっしょう》（一八八六―一九六七）なども、その会員となり、日本の中国侵略の思想的な背景ともなっていました。日蓮主義は、日本の対外侵略を正当化するイデオロギーとなっていたと評価できます。

田中智学は、従来、十分な研究がなされていない人物です。それは戦前の日本の侵略戦争を推し進めるイデオロギーを提供したからと考えられます。その影響力の大きさから、より光が当てられるべき人物であることは間違いありません。

読者のみなさんは、一一月三日の文化の日は、明治天皇の誕生日の明治節《めいじせつ》に由来することをご存じでしょうか。この明治節制定において、田中らの活動はめざましく、短期間で二万七九九九名もの明治節制定の請願を集めて国会に提出し、結果、祝日として制定されたのです。当時の国柱会の動員力を端的に表しています。

田中智学の思想が、個の悩みに応えるのみならず、国家など個を超える「夢」を与えた点は注意すべきです。

ところで、宮沢賢治《みやざわけんじ》（一八九六―一九三三）が、熱心な法華経信者であったことは、最近、知られるようになってきました。賢治は、一八歳の時以来の信者で、大正九（一九二〇）年一二月には田中智学の主宰する国柱会に入りました。田中智学への心酔ぶりは、同九年一二月二日付の保阪嘉内《ほさかかない》宛書状に「今度私は国柱会信行部に入会致しました。（中略）今や日蓮聖人に従い奉る様に田中先生に絶対に服従致します。御命令さえあれば私はシベリアの凍原にも支那の内地にも参ります。」と記していることからも理解されます。

賢治は、死ぬまで国柱会の会員として、文学を通じて法華経を広めようとする法華文学の担い手たらんとしていたのです。あの有名な「雨ニモマケズ」の詩も、その背景に法華経信仰がある、と考えられています。とくに、「雨ニモマケズ、風ニモマケズ、雪ニモ夏ノ暑サニモマケヌ」ずに、すべての人に善い人たらんとする姿は、さまざまな迫害にもめげず、菩薩行を実践していくことを説く、法華経に説かれた菩薩の姿が見え隠れしていると考えられるのです。

創価学会ほかの新宗教

創価学会は、日本最大の信者数を誇る仏教系の新宗教教団です。信者数の統計ははっきりしませんが、平成一三（二〇〇一）年時点で一七四八万人以上もの信者がいたとする説（島田、二〇〇四）もあるほどです。実に日本人の七人に一人が信者というのです。また、建前上は別組織とはいえ、創価学会と密接な関係にある公明党は、昭和四〇（一九六五）年に参議院で、二年後の四二年には衆議院でも議席を獲得し、平成一一―二一年（一九九九―二〇〇九）までと平成二四（二〇一二）年から二〇二一年現在にいたるまで政権与党となり、令和三（二〇二一）年一一月時点では衆・参の国会議員六〇人を擁するなど政治にも大きな影響力を有しています。

創価学会は牧口常三郎《まきぐちつねさぶろう》（初代会長、一八七一―一九四四）と戸田城聖《とだじょうせい》（第二代会長、一九〇〇―五八）によって、昭和五（一九三〇）年一一月に東京で「創価教育学会」として設立されました。

もともとは、富士大石寺《ふじたいせきじ》を総本山とする日蓮正宗《にちれんしょうしゅう》に所属する在家仏教教団で、日蓮正宗にもとづく最大価値の生活法、大善生活《だいぜんせいかつ》の実践を主張し、現世利益と現状打破を強調しました。第二次大戦中には、宗教統制も強化され真宗や日蓮宗も教義を批判されました。

創価学会会長の牧口らは、末法《まっぽう》に神社を拝むことを謗法《ぼうほう》（仏法を謗《そし》ること）として、伊勢神宮の大麻《たいま》（＝神札《しんふだ》）を家で祀《まつ》ることを拒否したことなどを理由に投獄され、牧口は獄死しました。

戦後、日蓮正宗以外のすべての宗教を邪教として攻撃する激しい折伏《しゃくぶく》を展開して全国的に発展しました。昭和三五（一九六〇）年には、池田大作《いけだだいさく》（一九二八―）が第三代会長となり、政・教一致の立場から昭和三九年には公明党を結成して、先述の通り昭和四〇年以来国政にも参加しています。

ただし、創価学会は公明党とは昭和四五（一九七〇）年に組織上は分離しました。また、平成三（一九九一）年一一月に日蓮正宗から分離し、祖師日蓮への直結をめざしています。

こうした池田大作の積極的な布教の成功と教団の拡大の一方で、言論弾圧事件を起こすなど問題がなかったわけではありません。しかし、多くの信者を獲得している事実にも大いに注目すべきでしょう。ことに、昭和五〇年に結成された創価学会インタナショナルの活動は、日本の仏教系宗教団体の海外布教において、目覚ましいものがあります。海外布教というと禅宗や浄土真宗が注目されがちですが、その規模と組織立った布教には他の追随を許さないものがあります。

霊友会は、昭和五（一九三〇）年に、久保角太郎《くぼかくたろう》（一八九二—一九四四）と小谷喜美《こたにきみ》（一九〇一—七一）とが西田無学《にしだむがく》（一八五〇—一九一八、本名利蔵）の思想を基に、東京赤坂で創始しました。公称会員数は約三百万人と言われます。在家主義に立ち、先祖供養を重視しています。社会問題の根元的理由を先祖供養がなされていない点に求め、法華経《ほけきょう》信仰を核とした題目《だいもく》・読経《どきょう》などの修行を通じて霊能《れいのう》（霊界からメッセージを察知する能力）を獲得して先祖供養を行い、それをもって社会を良くしようとする点に特徴があります。

立正佼成会は、霊友会から分かれた新宗教団体で、庭野日敬《にわのにっきょう》と長沼妙佼《ながぬまみょうこう》を開祖として始まった教団です。庭野は霊友会を脱会し、昭和一三（一九三八）年三月、長沼とともに「大日本立正交成会」を設立し、庭野の自宅を本部としました。教義的には、在家者が『法華経』により先祖供養をするという点では霊友会と同じですが、根本仏教《こんぽんぶっきょう》（原始仏教）こそ「諸法の実相」を理論的に把握する法門として位置づけるなど、『法華経』の一乗思想《いちじょうしそう》（真の教えはただ一つ）と根本仏教の融合をめざす点が特徴的です。

つまり、人間の苦しみや悩みの原因を理解するために、また、そこから救われる方法を探し出すために根本仏教の法門が採用されています。「四諦《したい》」、「八正道《はっしょうどう》」、「六波羅蜜《ろくはらみつ》」、「十二因縁《じゅうにいんねん》」など根本仏教で説かれている理論と実践を踏まえて、『法華経』による融合をめざすという特徴があります。人間の内面の修養を行いつつ、自他ともに救われる修行を推奨し、リーダーを中心に生活や信仰の悩みを互いに語り合う「法座《ほうざ》」という活動も盛んです。

他方、密教系としては伊藤真乗《いとうしんじょう》、友司《ともじ》夫妻を開祖とする真如苑《しんにょえん》（一九三六年成立）などが挙げられます。真如苑は東京都立川《たちかわ》市柴崎《しばさき》町の真澄寺《しんちょうじ》に本部があります。

そうした日蓮宗系と密教系の新宗教には、在家《ざいけ》主義、現世《げんせ》救済《きゅうさい》主義、生命主義的救済観などの近代日本の新宗教の全体的な特徴が反映されています。

在家主義は先述しましたが、現世救済主義というのは、死後、あの世で成仏（往生）するのではなく、生きているうちに、この世で救済されることをめざすことです。生命主義というのは、この宇宙の全体を決して絶えることのない生命力の表れと捉え、この世の生きとし生けるものは決して単独で生きているのではなく、宇宙の全体的生命や他の生命体との生命的なつながりのなかで、それらから不断の生命の供給を受けて生かされているという論理を基礎として、地上世界の上に豊かで生命力のあふれた万人和楽《ばんにんわらく》の状態を実現することをめざす救済思想のことです。

こうした新宗教は、都市化・核家族化によって、連帯感を喪失し、孤独に悩む人々などに、個として生きることを納得させ、個を超える夢を与えて、信者を獲得しています。

叡尊・忍性の活動をモデルとした有馬実成

近年においても、仏教再生を掲げて多くの僧侶たちが地道な活動を行っています。ここでは、そうした真剣な活動をしてきた僧侶たちの中から一人だけ紹介しておきます。

その僧侶は有馬実成《ありまじつじょう》（一九三六―二〇〇〇）です。昭和一一（一九三六）年三月七日に生まれました。山口県徳山市《とくやまし》（現、周南市《しゅうなんし》）の曹洞宗《そうとうしゅう》寺院原江寺《げんこうじ》に生まれた有馬実成は、曹洞宗の宗門大学駒沢大学で学んだあと、原江寺に帰りました。

そして、ある時、日本軍による強制連行によって連れて来られた朝鮮人で、米軍による徳山市の空襲の際に亡くなった人々の骨が、本国に返されていないことを知ります。有馬実成は、そうした人々の遺骨を集め、朝鮮の本籍地へ返す、遺骨の返還活動を始めました。

その後、国際的なボランティア活動に目覚め、昭和五六（一九八一）年には自ら中心となって「曹洞宗ボランティア会」を組織しました。クメール文字で書かれた図書の出版などカンボジア難民救援活動から始まって、タイでのスラム街の人々への救援活動やラオスでの教材制作・配布活動など、東南アジアの国々の教育・文化の支援活動に取り組みました。阪神・淡路大震災の際には神戸の救援活動なども行いました。曹洞宗ボランティア会は、平成二三（二〇一一）年に公益社団法人シャンティ国際ボランティア会に改組し、発展しています。

有馬実成の活動は、先述した叡尊《えいぞん》・忍性《にんしょう》の実践活動が大きなモデルとなっている点も刮目《かつもく》されます。講演会などでたびたび、叡尊のハンセン病者救済活動に言及し、『文殊経《もんじゅきょう》』に基づく、社会福祉事業の重要性を指摘しています。

そうした有馬でしたが、病気には勝てず、惜しまれながら平成一二（二〇〇〇）年九月一八日に、死去しました。

二〇一一年三月に起こった東日本大震災においては、多くの宗教教団が被災者の救済活動に従事しました。ことに曹洞宗教団の慈善救済活動は、「曹洞宗ボランティア会」の伝統があったが故に、極めて組織的なものでした。

現代、これからの仏教

二〇一一年三月一一日から、一〇年がたちました。東日本を襲ったマグニチュード９の大地震と大津波により、行方不明者も含めて一万九千人弱もの尊い人命が失われました。近代化し、地震に万全な方策が講じられていると信じていた私は、防潮堤を軽々と越える黒い津波の映像に、自然の圧倒的な力の大きさと人間の無力さを否応なしに感じさせられたものです。ただ、私の住む山形地域は、三月一一日は一日中停電のため、そうした情報すらも全く入ってきませんでした。

整理の悪い我が研究室でも、震度四強の地震で、本がいっせいに本棚から崩れ落ち、その内の一冊がコンピューターのハード・ディスクを直撃して、貴重な史料写真データなどを失う被害がありました。ですが、家族や家を失った被災者を思えば、ほんのかすり傷程度の被害にすぎません。

この一〇年の間に、道路などからがれきは撤去され、再建も進みましたが、東京電力福島第一原子力発電所の状況が示すように、完全復旧にはまだまだ程遠い状況です。山形県には、最大時には一万三千人もの福島県などから避難する方々がいましたが、二〇二一年一二月時点では一四五九人です。

東日本大震災によって人的にも、物的にも多くのものが失われましたが、日本仏教史を専門とする筆者にとって、一筋の希望と言えるものがなかったわけではありません。宗教者、とりわけ仏教者に対する人々の眼差しが変わったように思えるのです。大震災以前は、「葬式はいらない」といったフレーズが大流行するなど、葬式を旨とし、人々の救済願望に応えていない僧侶に厳しい眼差しが寄せられ、日本仏教は、葬式仏教と揶揄されるほど、僧侶たちは葬式にかまけて民衆救済には努力していないように見られていました。

ところが震災が起こり、あまりにも多くの死者が出たために、火葬できない多くの遺体が残されたままになりました。遺族はいち早い火葬と丁重な葬式を求めました。仏壇、位牌、墓塔などが流されたり、破損し、信者が手を合わせて祈る対象がなくなったこともあってダンボール紙などで制作された臨時的な位牌を配る教団すらも出たほどです。葬式仏教の存在意義が大いに見直されたことは間違いありません。

さらに重要なのは、仏教界を挙げて物質的、経済的、精神的な支援がなされたことです。とりわけ、夫や妻、子供、祖父母など、家族を失って悲しみに暮れる人々の悩みに耳を傾ける僧侶が出てくるなど、これまでの僧侶のありようと異なる活動がなされるようになったのです。かつて私も、葬式にかまけて悩める人々の救済をなおざりにしている現在の仏教のありようを批判し、悩める人々の救済に努めるべきだと説いたことがありました。葬式仏教から生活仏教への転換を説いたのですが（拙著『葬式仏教の誕生』平凡社、二〇一一）、大震災を契機にまさにそうした僧侶たちが現れたのです。

金田諦應《かねたたいおう》師らの「Cafe de monk」（ネイミングも良い）の活動のように、数多くの僧侶、いや宗教者が、物質的な支援のみならず、被災者の悲しみに寄り添い、その苦悩に耳を傾ける活動を行うようになったことは、大震災が日本仏教にもたらした一光明と言えるかもしれません。そうした活動が大震災後という非常時の一時的な活動にとどまらず、その後の熊本地震や豪雨被害の現場でも支援の輪が広がっています。今後さらに、災害時などの非常時のみならず、生活仏教として発展していくことを願っています。

宗教に関しては、その存在意義が失われていくとする、厳しい批判が存在しているのも確かです。実際、宗教者の中には詐欺師まがいの人がいるのも否定できません。しかし、だからといって、宗教の役割や存在意義は失われることはないと考えています。時代によって、宗教の役割や存在意義は変化してきました。けれども、たとえ、宗教に求められるものは変化するとしても、その存在意義は決してなくならないと思っています。その根拠を示せと言われると困るのですが、たとえば、「宗教はアヘンだ」として、教会・寺院などを破壊し、宗教者を殺害し、宗教をなくそうとした社会主義国家の試みがいずれも失敗したことに表れています。宗教は、多くの人々にとって不可欠な存在なのだと考えています。

おわりに

本書では、仏教に焦点を当てた日本史を述べてきました。法然・親鸞・道元・日蓮・叡尊・忍性といった僧侶たちは、八〇〇年以上昔の人々ですが、実に、現在と同様の混迷の時代に生きる人々に毅然とした生き方のモデル・指針を与えた人々です。それゆえ、そうした僧侶の生き様や思想は、みなさんの人生の参考になるのではと考えます。

さて、私事にわたって恐縮ですが、二〇一九年三月末日をもって、三八年にわたって勤務した山形大学を退職しました。これといって趣味もなく、遊ぶすべを知らない老教師にとって、当初は何をして暮らそうかと悩むこともありましたが、結局、やり残した研究を一つひとつ片づけていくことにしました。その一つが、本書の刊行です。

勤務した大学では、日本中・近世史の授業を担当していたので、一二世紀から一九世紀までの史（資）料は否応なしに読まされてきました。それゆえ、その時代については、なんとか感覚は摑めていたのですが、古代や近・現代については、末尾に挙げた参考文献を読みながら、私見に基づきまとめました。

とくに近・現代史は、大変重要と認識しています。歴史という過去を対象とする研究であっても、研究者は今を生きる人間であって、現在の立場、状況の束縛から自由ではないからです。たとえば、本書の中世仏教のところで、叡尊・忍性について少し詳しく述べましたが、従来の日本仏教史では、彼らはほとんど触れられませんでした。それは、現在において、叡尊・忍性の系譜を引く、いわゆる真言律宗の教団が優勢でないためであり、等《とう》閑《かん》に付されてきたからにすぎず、叡尊・忍性らの時代において、その教団が優勢でなかったわけではないのです。

このように、歴史研究は現在の状況に左右されるのであり、近・現代仏教史研究の呪縛を意識して、前近代仏教史の見直しに努めたつもりです。

いま一つ述べておきたいのは、本書で扱った仏教者たちが、夢告《むこく》といった神仏のメッセージをたえず受けながら救済活動を行っていた点です。明恵が、神仏のお告げとして『夢記』を記していたことは有名ですが、親鸞も「女犯偈《にょぼんげ》」といった夢告によって法然のもとへ行くことを決意したのです。叡尊・忍性もそうであり、しばしばお堂に籠って夢告を受けたのです。戒律復興運動には、「好相行《こうそうぎょう》」という良い夢を見ること（神仏による許可）

は不可欠でした。現代では、仏教を哲学や思想として捉えがちですが、呪術的側面を抜きにしては、仏教（宗教全体というべきですが）を正しく認識できないと考えます。

最後に、今回も平凡社の福田祐介さんにお世話になりました。最初の読者として丁寧なコメントをいただきました。大いに感謝しています。

令和三年一二月　　松尾剛次

参考文献

赤松俊秀『鎌倉仏教の研究』平楽寺書店、一九五七
赤松俊秀『続鎌倉仏教の研究』平楽寺書店、一九六六
赤松俊秀監修『泉涌寺史 本文編』法藏館、一九八四
家永三郎『上代仏教思想史研究』目黒書店、一九四八
家永三郎『中世仏教思想史研究』法藏館、一九四七
家永三郎・赤松俊秀・圭室諦成監修『日本仏教史 古代篇』法藏館、一九六七
家永三郎・赤松俊秀・圭室諦成監修『日本仏教史 中世篇』法藏館、一九六七
家永三郎・赤松俊秀・圭室諦成監修『日本仏教史 近世・近代篇』法藏館、一九六七
石井公成『聖徳太子――実像と伝説の間』春秋社、二〇一六
石田瑞麿『日本仏教における戒律の研究』在家仏教協会、一九六三
石田瑞麿『日本仏教史』岩波全書、一九八四
伊藤正敏『日本の中世寺院』吉川弘文館、二〇〇〇
井上薫『奈良朝仏教史の研究』吉川弘文館、一九六六
井上光貞『日本古代の国家と仏教』岩波書店、一九七一

今井雅晴『時宗成立史の研究』吉川弘文館、一九八一
今枝愛真『中世禅宗史の研究』東京大学出版会、一九七〇
今枝愛真『道元――坐禅ひとすじの沙門』ＮＨＫブックス、一九七六
今村仁司『清沢満之の思想』人文書院、二〇〇三
今村仁司『清沢満之と哲学』岩波書店、二〇〇四
上島享『日本中世社会の形成と王権』名古屋大学出版会、二〇一〇
牛山佳幸「中世の尼寺と尼」（大隅和雄・西口順子編『女性と仏教１　尼と尼寺』平凡社、一九八九）
梅原猛『地獄の思想――日本精神の一系譜』中公新書、一九六七
追塩千尋『中世の南都仏教』吉川弘文館、一九九五
大久保良峻『天台教学と本覚思想』法藏館、一九九八
大久保良峻『伝教大師最澄』法藏館、二〇二一
大桑斉『日本近世の思想と仏教』法藏館、一九八九
大菅俊幸『泥の菩薩――ＮＧＯに生きた仏教者、有馬実成』大法輪閣、二〇〇六
大菅俊幸『慈悲のかたち――仏教ボランティアの思考と創造』佼成出版社、二〇一七
大隅和雄・中尾堯編『日本仏教史 中世』吉川弘文館、一九九八
大隅和雄・速水侑編著『日本仏教史』梓出版社、一九八一
大谷栄一『近代日本の日蓮主義運動』法藏館、二〇〇一
大塚紀弘『中世禅律仏教論』山川出版、二〇〇九
岡野浩二「奈良・平安時代の出家――「官僧・私度僧」から「官僧・遁世僧」へ」（服藤早苗編『王朝の

権力と表象』森話社、一九九八）
オリオン・クラウタウ『近代日本思想としての仏教史学』法藏館、二〇一二
柏原祐泉『日本仏教史 近代』吉川弘文館、一九九〇
河内将芳『戦国仏教と京都――法華宗・日蓮宗を中心に』法藏館、二〇一九
菅野覚明『本居宣長――言葉と雅び』ぺりかん社、一九九一
菊地大樹『鎌倉仏教への道――実践と修学・信心の系譜』講談社、二〇一一
北山茂夫『女帝と道鏡』中央公論社、一九六九
京都国立博物館・東京国立博物館・日本経済新聞社文化事業部編『臨済禅師一一五〇年白隠禅師二五〇年遠諱記念 禅――心をかたちに』日本経済新聞社、二〇一六
京都仏教各宗学校連合会編『新編大蔵経――成立と変遷』法藏館、二〇二〇
黒田俊雄『日本中世の国家と宗教』岩波書店、一九七五
黒田俊雄編『大系仏教と日本人2 国家と天皇』春秋社、一九八七
小山聡子『浄土真宗とは何か――親鸞の教えとその系譜』中央公論新社、二〇一七
佐藤弘夫『鎌倉仏教』レグルス文庫（第三文明社）、一九九四
佐藤弘夫『神国日本』ちくま新書、二〇〇六
佐藤文子『日本古代の政治と仏教――国家仏教論を超えて』吉川弘文館、二〇一八
佐藤正英『親鸞入門』ちくま新書、一九九八
島薗進『現代救済宗教論』青弓社、一九九二
島薗進『国家神道と日本人』岩波新書、二〇一〇

島田裕巳『創価学会』新潮新書、二〇〇四
末木文美士『日本仏教史――思想史としてのアプローチ』新潮社、一九九二
末木文美士『日本仏教思想史論考』大蔵出版、一九九三
末木文美士『鎌倉仏教形成論――思想史の立場から』法藏館、一九九八
末木文美士『明治思想家論』トランスビュー、二〇〇四
末木文美士『近代日本と仏教』トランスビュー、二〇〇四
末木文美士『近世の仏教――華ひらく思想と文化』吉川弘文館、二〇一〇
末木文美士『日本の思想をよむ』角川ソフィア文庫、二〇一六
末木文美士編『妙貞問答を読む――ハビアンの仏教批判』法藏館、二〇一四
末木文美士ほか編『新アジア仏教史11　日本I　日本仏教の礎』佼成出版社、二〇一〇
末木文美士ほか編『新アジア仏教史12　日本II　躍動する中世仏教』佼成出版社、二〇一〇
末木文美士ほか編『新アジア仏教史13　日本III　民衆仏教の定着』佼成出版社、二〇一〇
末木文美士ほか編『新アジア仏教史14　日本IV　近代国家と仏教』佼成出版社、二〇一一
菅原清華「近世羽黒山妻帯修験の檀廻活動」平成二二年度山形大学大学院社会文化システム研究科提出修士論文、二〇一〇
曽根原理『徳川家康神格化への道――中世天台思想の展開』吉川弘文館、一九九六
薗田香融『平安仏教の研究』法藏館、一九八一
平雅行『日本中世の社会と仏教』塙書房、一九九二
高木豊『鎌倉仏教史研究』岩波書店、一九八二

高木豊『図説 日本仏教の歴史 鎌倉時代』佼正出版社、一九九六
高木豊他編『論集日本仏教史 一—一〇』雄山閣出版、一九八六—一九九九
高崎直道・木村清孝編『シリーズ東アジア仏教 第4巻 日本仏教論』春秋社、一九九五
高田良信『「法隆寺日記」をひらく——廃仏毀釈から100年』日本放送出版協会、一九八六
高松世津子「自誓受戒の好相行・好相をめぐる考察——近世期・真言律系を中心に」『日本宗教文化史研究23—2』二〇一九
竹貫元勝編『図説 日本仏教の歴史 室町時代』佼正出版社、一九九六
竹村牧男『鈴木大拙』創元社、二〇一八
圭室諦成『葬式仏教』大法輪閣、一九六三
圭室文雄『日本仏教史 近世』吉川弘文館、一九八七
圭室文雄編『図説 日本仏教の歴史 江戸時代』佼正出版社、一九九六
田村圓澄『図説 日本仏教の歴史 飛鳥・奈良時代』佼正出版社、一九九六
田村芳朗『日本仏教史入門』角川選書、一九六九
辻善之助『日本仏教史 上世、中世、近世編』岩波書店、一九四四—一九五三、復刊一九八四
出口三平・横山真佳・溝口敦『新宗教時代1』大蔵出版、一九九七
中尾堯『日蓮宗の歴史——日蓮とその教団』教育社、一九八〇
中村元『日本宗教の近代性』春秋社、一九六四
永村真『中世東大寺の組織と経営』塙書房、一九八九
西村玲『近世仏教思想の独創——僧侶普寂の思想と実践』トランスビュー、二〇〇八

日本仏教研究会編『日本の仏教 1―6』法藏館、一九九四―九六
日本仏教研究会編『日本の仏教 第二期1―3』法藏館、一九九九―二〇〇一
畑中章宏『廃仏毀釈――寺院・仏像破壊の真実』ちくま新書、二〇二一
速水侑『日本仏教史 古代』吉川弘文館、一九八六
福士瑛希「米沢藩内の殉教者たち――甘粕右衛門信綱を中心に」『山形大学歴史・地理・人類学論集11号』、二〇一〇
藤井淳『空海の思想的展開の研究』トランスビュー、二〇〇八
船岡誠『道元――道は無窮なり』ミネルヴァ書房、二〇一四
細川涼一『中世の律宗寺院と民衆』吉川弘文館、一九八七
蓑輪顕量『中世初期南都戒律復興の研究』法藏館、一九九九
蓑輪顕量『日本仏教史』春秋社、二〇一五
村上重良『日本の宗教――日本史・倫理社会の理解に』岩波ジュニア新書、一九八一
師茂樹『最澄と徳一――仏教史上最大の対決』岩波新書、二〇二一
安冨信哉編・山本伸裕校注『清沢満之集』岩波文庫、二〇一二
安丸良夫『神々の明治維新――神仏分離と廃仏毀釈』岩波新書、一九七九
山口昌志「槇尾平等心王院明忍律師に関する基礎的研究」『放送大学日本史学論叢4』二〇一七
山本幸司『穢と大祓』平凡社、一九九二
山本伸裕『「精神主義」は誰の思想か』法藏館、二〇一一
横田健一『道鏡』吉川弘文館、一九五九

吉田一彦他編『日本宗教史一―六』吉川弘文館、二〇二〇―二一
吉田久一『近現代仏教の歴史』ちくま学芸文庫、一九九八
渡辺照宏『日本の仏教』岩波新書、一九五八

松尾剛次『勧進と破戒の中世史――中世仏教の実相』吉川弘文館、一九九五
松尾剛次『鎌倉新仏教の誕生――勧進・穢れ・破戒の中世』講談社現代新書、一九九五
松尾剛次『救済の思想――叡尊教団と鎌倉新仏教』角川選書、一九九六
松尾剛次『新版 鎌倉新仏教の成立――入門儀礼と祖師神話』吉川弘文館、一九九八
松尾剛次『中世の都市と非人』法藏館、一九九八
松尾剛次『「お坊さん」の日本史』生活人新書（日本放送出版協会）、二〇〇二
松尾剛次『日本中世の禅と律』吉川弘文館、二〇〇三
松尾剛次『忍性』ミネルヴァ書房、二〇〇四
松尾剛次『四国八十八札所遍路の思想史的研究』坂部印刷、二〇〇六
松尾剛次『破戒と男色の仏教史』平凡社新書、二〇〇八
松尾剛次『山をおりた親鸞 都をすてた道元』法藏館、二〇〇九
松尾剛次『親鸞再考 僧にあらず、俗にあらず』ＮＨＫブックス、二〇一〇
松尾剛次『中世律宗と死の文化』吉川弘文館、二〇一〇
松尾剛次『葬式仏教の誕生』平凡社新書、二〇一一
松尾剛次『知られざる親鸞』平凡社新書、二〇一二

松尾剛次『中世叡尊教団の全国的展開』法藏館、二〇一七
松尾剛次『鎌倉新仏教論と叡尊教団』法藏館、二〇一九
Kenji MATSUO, *A history of Japanese Buddhism*, Global Oriental Ltd, 2007

インターネット関連

CBETA漢文大藏經データベース
SAT大正新脩大藏經テキストデータベース

関連年表

西暦	◆世界のできごと
前一〇〇〇頃	◆バラモン教とカースト制度がはじまる
前四六三頃	◆釈迦誕生（―前三八三頃、別説前五六六―四八六）
前二八〇頃	◆教団の分裂（根本分裂）、中期仏教に移行
前二六八	◆マウリヤ王朝アショーカ王即位（―前二三二在位）
前三世紀	◆セイロン（スリランカ）へ仏教伝来
前一〇〇頃	◆部派仏教確立
前〇―後一〇〇頃	◆大乗仏教おこる
六八頃	◆中国に仏教伝来
一二九頃	◆クシャーナ王朝カニシカ王即位（―一五三在位）
一五〇頃	◆仏典の漢訳はじまる
	◆ナーガール・ジュナ（龍樹、一五〇―二五〇頃）
二〇〇頃	◆仏教彫刻があらわれる
三二〇	◆グプタ王朝成立、後期仏教、中期大乗へ移る
三七〇―四五〇頃	◆朝鮮半島（当時は三国）に仏教伝来

三九〇頃―四〇〇頃		◆中国に、無着（三一〇―三九〇頃、別説三九〇―四七〇頃）、世親（三二〇―四〇〇頃、別説四〇〇―四八〇頃）
		◆法顕（三三九―四二〇）のインド旅行（三九九―四一四）
四〇一		◆鳩摩羅什（クマーラジーヴァ、三五〇―四〇九頃）が長安到着
		◆中国に、曇鸞（四七六―五四二?）、護法（五三〇―五六一頃）、安慧（五一〇―五七〇）

西暦	年号	日本のできごと ◆世界のできごと
六世紀		百済から仏教公伝（五三八年説、五五二年説）
五八四	敏達一三	司馬達等の娘・嶋らが出家する
五八九		◆隋が中国統一（―六一八）
		◆中国に、浄影慧遠（五二三―五九二）、智顗（五三八―五九七）、吉蔵（五四九―六二三）
五九三	推古　一	聖徳太子（五七四―六二二）が摂政となる
		◆ソンツェンガムポ（五八一―六四九）がチベット王位へ。チベット仏教がはじまる
六〇四	推古一二	「十七条憲法」制定
六〇七	推古一五	法隆寺建立
六一八		◆唐が中国統一（―九〇七）
六二四	推古三二	僧制が定められる
六二五	推古三三	高句麗僧の慧灌が渡来、三論宗を伝える（初伝）

六二九		◆玄奘（六〇二―六六四）のインド旅行（六二九―六四五）
		◆インドは後期大乗仏教へ
		◆密教おこる、『大日経』『金剛頂経』
		◆中国に、道綽（五六二―六四五）、道宣（五九六―六六七）
六四六	大化　二	大化改新の詔
六五〇頃		役行者（六三四―七〇一）、修験道の基礎を築く
六七六		◆朝鮮半島、統一新羅時代はじまる
		◆中国に、善導（六一三―六八一）、慧能（六三八―七一三）、法蔵（六四三―七一二）
七〇〇	文武　四	法相教学初伝の道昭が没し、最初の火葬
七〇一	大宝　一	「僧尼令」制定
七一〇	和銅　三	平城京遷都
七一七	養老　一	私度僧禁止、行基（六六八―七四九）の活動禁止
七一九		◆不空（アモーガヴァジュラ、七〇五―七七四）が中国へ
七四一	天平一三	国分寺・国分尼寺創設の詔
七四三	天平一五	行基（六六八―七四九）、東大寺大仏造営の勧進に起用される
七五二	天平勝宝四	東大寺大仏開眼供養
七五四	天平勝宝六	唐から鑑真（六八八―七六三）来日
		◆ティソンデツェン王即位（―七九六在位）、チベットで国教となる
七六六	天平神護二	道鏡（七〇〇?―七七二）、法王となる
七八八	延暦　七	最澄（七六六―八二二）、比叡山延暦寺を建立

七九四	延暦一三	平安京遷都
七九七	延暦一六	空海（七七四―八三五）、『三教指帰』を著す
八〇四	延暦二三	最澄と空海が入唐
八〇五	延暦二四	最澄、天台宗を伝える
八〇六	延暦二五	天台宗、年分度者を二人賜わり、独立が公認される
		空海、真言宗を伝える
八一六	弘仁　七	空海、高野山金剛峯寺の開創を勅許される
八一七	弘仁　八	最澄と徳一の間で、三一権実論争（―八二一）がおこる
八二二	弘仁一三	最澄没、延暦寺戒壇の設立が勅許される
八二八	天長　五	空海、綜芸種智院を創設
八三四	承和　一	空海、大内裏に宮中真言院を設置、宮中仏事が途中中断があっても、明治維新まで続く
八三八	承和　五	円仁（七九四―八六四）入唐、のち天台座主
九三六		◆高麗が朝鮮半島統一
九三八	天慶　一	空也（九〇三―九七二）、京都で念仏を広める
九六七	康保　四	「延喜式」施行
九八五	寛和　一	源信（九二四―一〇一七）、『往生要集』を著す
一〇〇〇以降		◆東南アジア各地に南伝仏教がひろがる
一〇五二	永承　七	末法の時代に入ったと信じられる
一〇五三	天喜　一	平等院鳳凰堂建立
一一〇〇頃		◆アンコール・ワット建立

一一四〇	保延 六	新義真言宗の開祖覚鑁（一〇九五―一一四三）が高野山を追われ、根来寺へ
一一七五	承安 五	法然（源空一一三三―一二一二）、専修念仏（浄土宗開創）を唱える
一一八〇	治承 四	東大寺が平重衡により焼き討ちされる。源頼朝挙兵
一一九一	建久 二	栄西（一一四一―一二一五）、臨済宗を伝える
一一九二	建久 三	源頼朝（一一四七―九九）、征夷大将軍となる
一一九八	建久 九	栄西が『興禅護国論』、法然が『選択本願念仏集』を著す
一二〇一	建仁 一	親鸞（一一七三―一二六二）、法然の門に入る
一二〇三		◆ヴィクラマシー寺が破壊されインド仏教衰滅
一二〇五	元久 二	「興福寺奏状」（貞慶〈一一五五―一二一三〉起草）が提出される
一二〇七	建永 二	念仏停止が宣下され、法然・親鸞ともに流罪となる（建永〈承元〉の法難）
一二一二	建暦 二	明恵（一一七三―一二三二）、『摧邪輪』を著す
一二一三	建保 一	明恵、善妙尼寺建立
一二二一	承久 三	承久の乱
一二二四	元仁 一	親鸞が『教行信証』の執筆をはじめる
一二二七	安貞 一	道元（一二〇〇―五三）が宋から帰国（一二二三入宋）、曹洞宗を伝える
一二三六	嘉禎 二	叡尊（一二〇一―九〇）らが東大寺法華堂で自誓受戒
一二四四	寛元 二	道元が大仏寺（一二四六年、永平寺と改称）を開く
一二四六	寛元 四	宋僧の蘭渓道隆が来朝 叡尊らにより、法華寺に尼戒壇が設立される この頃道元が『正法眼蔵』を著す

一三世紀頃		◆タイへ上座部仏教伝わる
一二五一		◆「高麗大蔵経」完成
一二五二	建長　四	忍性（一二一七―一三〇三）が関東に下り、以後、慈善救済事業に努める
一二五三	建長　五	日蓮（一二二二―八二）が日蓮宗の立宗を宣言
一二六〇	文応　一	日蓮、『立正安国論』を著す
一二六八	文永　五	凝然（一二四〇―一三二一）が『八宗綱要』を著す
一二七一	文永　八	日蓮が佐渡へ流される
一二七四	文永一一	一遍（一二三九―八九）が時宗を開く。蒙古襲来（文永の役）
一二七五		◆夢窓疎石が生まれる（―一三五一）
一二七九	弘安　二	宋僧の無学祖元が来朝、円覚寺が開かれる
一二八一	弘安　四	蒙古襲来（弘安の役）
一三一〇	延慶　三	『性公大徳譜』（澄名）成る
一三二二	元亨　二	日本仏教史書『元亨釈書』（虎関師錬）成る
一三二五	正中　二	禅を民衆に広めた瑩山紹瑾（一二六八―）没す 文観（一二七八―一三五七）、後醍醐天皇の護持僧に任命される
一三三六	延元一・建武三	室町幕府が開かれる。南北朝時代はじまる
一三三八	建武　五	この頃から、足利尊氏ら各国に安国寺・利生塔の建設をはじめる
一三九二	元中九・明徳三	南北朝が統一される

一四〇九		◆李朝が成立し、朝鮮と号す
一四三九	永享一一	◆ツォンカパ（一三五七—一四一九）が教学の基礎を固める 日親（一四〇七—八八）、将軍足利義教に諫暁
一四六七	応仁　一	応仁の乱がはじまる（—一四七七）
一四七四	文明　六	一休（一三九四—一四八一）、大徳寺住持となる
一四八〇	文明一二	蓮如（一四一五—九九）、山科に本願寺を再興
一四八八	長享　二	一向一揆、加賀を支配（—一五八〇）
一五三六	天文　五	天文法華の乱
一五四九	天文一八	フランシスコ・ザビエル（一五〇六—五二）鹿児島に上陸
一五七一	元亀　二	織田信長が延暦寺を焼き討ち 崇伝（一五六九—一六三三）
一五七八		◆ソナムギャンツォ（一五四三—八八）、モンゴル王から「ダライ・ラマ」の称号を得る
一五八七	天正一五	豊臣秀吉、伴天連追放令
一五八九頃		◆明末清初に民間で、「大蔵経」（嘉興蔵）が開版される
一五九五	文禄　四	豊臣秀吉、千僧供養を行う
一六〇〇	慶長　五	関ヶ原の戦い
一六〇一	慶長　六	徳川家康、寺院法度を次々と発布（—一六一五）
一六〇二	慶長　七	本願寺、東西に分裂 この頃、明忍（一五七六—一六一〇）らの戒律復興運動はじまる
一六〇三	慶長　八	江戸幕府が開かれる

一六一二	慶長一七	幕府が江戸などの天領でキリスト教禁教令
一六一四	慶長一八	幕府が全国でキリスト教禁教令
一六一五	元和一	本寺・末寺制度、寺請制度が定められる
一六二八	寛永五	米沢藩のキリシタン、ルイス右衛門ら処刑
一六二九	寛永六	紫衣事件により、沢庵らを出羽上山などに配流
一六三七	寛永一四	島原の乱（—一六三八）
一六四〇	寛永一七	幕府、宗門改役を設置
一六四八	慶安一	天海（一五三六?—一六四三）、「大蔵経」（天海版）刊行
一六五四	承応三	明から隠元（一五九二—一六七三）来日、黄檗宗を伝える
一六六一	寛文一	鈴木正三（一五七九—一六五五）、『万民徳用』を著す
		この頃、真念（?—一六九一）が四国遍路の環境改善に努める
一六八一	天和一	鉄眼道光（一六三〇—八二）、「大蔵経」を印刷・刊行
		盤珪永琢（一六二二—九三）、不生禅を平易な言葉で説く
一六八九	元禄二	『四国偏禮霊場記』（寂本）なる
一七〇六	宝永三	霊潭（一六七六—一七三四）、自誓受戒し、浄土宗で戒律復興運動をはじめる
一七四五	延享二	富永仲基（一七一五—四六）、『出定後語』を著す
一七四六	延享三	慈雲飲光（一七一八—一八〇四）が戒律復興運動をはじめる
一七四九	寛延二	白隠慧鶴（一六八五—一七六八）、『遠羅天釜』を著す
一七六三	宝暦一三	遍路ガイド絵図「四国偏禮絵図」（細田周英）発行、この頃八八札所が確立か
一八〇一	享和一	国学者、本居宣長（一七三〇—一八〇一）没す

一八二九		良寛（一七五八—一八三一） ◆Buddhism という語をはじめて使った『仏教の歴史と教義』（エドワード・アパム）イギリスで出版される
一八三八	天保 九	天理教、中山みきによりはじめられる
一八六八	明治 一	明治維新、神仏分離令が公布され、廃仏毀釈運動が起こる
一八七〇	明治 三	大教宣布の詔、神道の国教化はじまる
一八七一	明治 四	上地令が公布される。宗門改制度・寺請制度が廃止
一八七二	明治 五	僧侶の肉食・妻帯・蓄髪を許可
一八七三	明治 六	キリスト教禁止の高札を撤去、事実上の公認へ
一八七九	明治一二	原坦山（一八一九—九二）、東京大学で仏教を講義
一八八四	明治一七	立正安国会（一九一四に国柱会と改称）、田中智学（一八六一—一九三九）によりはじめられる
一八八六	明治一九	井上円了（一八五八—一九一九）、『真理金針』を刊行
一八八九	明治二二	「大日本帝国憲法」発布
一八九二	明治二五	大本教、出口なおによりはじめられる
一八九四	明治二七	日清戦争（—九五）
一九〇〇	明治三三	清沢満之（一八六三—一九〇三）、浩々堂を開く 南条文雄（一八四九—一九二七）
一九〇三	明治三六	村上専精（一八五一—一九二九）、『大乗仏説論批判』を刊行
一九〇四	明治三七	日露戦争（—〇五）

一九〇七	明治四〇	鈴木大拙（一八七〇―一九六六）、『大乗仏教概論』を刊行
一九二一	大正一〇	「恵信尼文書」が発見される
一九三〇	昭和　五	霊友会、小谷喜美らによりはじめられる
一九三〇	昭和　五	創価学会、牧口常三郎らによりはじめられる
一九三三	昭和　八	宮沢賢治（一八九六―）没す
一九三六	昭和一一	真如苑、伊藤真乗らによりはじめられる
一九三八	昭和一三	立正佼成会、庭野日敬らによりはじめられる
一九四五	昭和二〇	第二次世界大戦に敗戦
一九四七	昭和二二	「日本国憲法」施行
一九五一	昭和二六	宗教法人法発布
一九六四	昭和三九	創価学会、公明党を結成、一九六五年から国政に参加
一九六七	昭和四二	井上日召（一八八六―）没す
一九七〇	昭和四五	創価学会と公明党が分離
一九八一	昭和五六	有馬実成（一九三六―二〇〇〇）、曹洞宗ボランティア会を組織
一九九五	平成　七	阪神・淡路大震災
二〇一一	平成二三	東日本大震災

わ行

や行

ら行

ま行

は行

な行

た行

さ行

か行

索引

本文中のおもな人物、仏教用語などについて、五十音順に配列した。

欧文

あ行

【著者】
松尾剛次（まつお けんじ）
1954年長崎県生まれ。日本中世史、宗教社会学専攻。山形大学名誉教授。東京大学大学院博士課程を経て、山形大学人文学部教授、東京大学特任教授（2004年度）、日本仏教綜合研究学会会長を歴任。1994年に東京大学文学博士号を取得。『勧進と破戒の中世史』『中世律宗と死の文化』『新版 鎌倉新仏教の成立』（いずれも吉川弘文館）、『仏教入門』（岩波ジュニア新書）、『破戒と男色の仏教史』『葬式仏教の誕生』『知られざる親鸞』（いずれも平凡社新書）など、著書・論文多数。

平　凡　社　新　書　９　９　７

日本仏教史入門
釈迦の教えから新宗教まで

発行日——2022年２月15日　初版第１刷

著者———松尾剛次
発行者——下中美都
発行所——株式会社平凡社
〒101-0051 東京都千代田区神田神保町3-29
電話 （03）3230-6580［編集］
（03）3230-6573［営業］
印刷・製本—図書印刷株式会社
装幀———菊地信義

ISBN978-4-582-85997-3
平凡社ホームページ https://www.heibonsha.co.jp/